1　ステクリャヌハ城址西門

保存の良好な長方形の平城の甕城門である。前面には堀がうがたれている。直線的な城壁とU字状に突出する甕城の形状がよくわかる例であり、平城の城壁・門の典型といえよう。ただし規模が大きくないためか、城壁に馬面は設けられていない。

2　ノヴォパクロフカ２城址南門

山城に築かれた甕城門である。一般的な鍵手状に外壁が取り付き側面に門が開く形式と異なり、両側から甕城城壁が四半円状に伸び中央に門が開く形状をとる。山城の場合は甕城を持たない門も設けられており、甕城門はそれぞれの城の正門となると思われる。

3　ノヴォネジンスコエ城址南面城壁

大型の山城であるこの城址は、特に南側で稜線に沿って二重の城壁とその間の堀を伸ばして、防御性を高めている。外側の城壁は、高さこそ1メートル程度と低いが、急斜面に設けられているので効果的である。

4　砲（投石機）用石弾の集積（クナレイ城址）

遠心力を利用して石を投擲する砲は守城用にも多用され、多くの城址で石弾の集積が発見されている。門の周辺に見つかることが多い。この城址の場合は、城外の谷を見下ろす北東端の馬面上にソフトボール大の礫石が集められていた。谷をつたって攻撃してくる敵に対して使用したのであろう。

城を極める

臼杵 勲

東アジアの中世城郭

女真の山城と平城

吉川弘文館

目次

プロローグ

日本海対岸の中世城郭

本書では、東アジアの中でも主に日本海の対岸地域の城郭を、日本列島の中世城郭と比較しながら、紹介したいと考えている。日本海の対岸地域とは、現在のロシア極東、中国東北地方、朝鮮半島を含む地域であり、日本海を取り巻くことから、全体を「環日本海地域」と総称することも多い。ただし、朝鮮半島は言語に代表されるような独自の文化圏が形成された地域であり、その他の地域とは明確に区別される。本書で取り上げるのは、残るロシア極東と中国東北地方の城郭である。

このような地域に城郭が存在するということに驚きを覚える方々も多いだろう。この地は、かつて満州と呼ばれた地域やシベリアの一部とされた地域であって、極寒の地・辺境の地というようなイメージを抱かれることが多い。この地域には五世紀ころから靺鞨《まっかつ》と呼ばれた人々が居住し、その後、女真《じょしん》と名を変えて居住が継続されていた。

女真とは、彼らの自称であるジュシェンを漢字表記したものと考えられている。女真族の文字・言葉は、明代初めに編纂された『女真訳語』や碑文に残されており、ツングース系の言語であることが明らかにされている。つまり、日本海対岸地域に出自を持つツングース系の言葉を話す人々の一〇～一六世紀ころの総称が女真なのである。そして、当地の中世城郭の多くを築造したのがこの女真族であった。

女真族は一二世紀に完顔阿骨打のもとで統一され、金国が建てられた。金国はやがて華北を領有し、南宋と中国を二分した。しかし金国はモンゴル帝国に滅ぼされ、女真族は再び、分裂状態となった。その後、一七世紀初めに女真の地方勢力であるマンジュ国のヌルハチにより後金国の建国と全女真族の統一がなされ、その後、第二代ホンタイジの時代に国号が清にあらためられた。このころから、女真にかわりマンジュが総称に用いられるようになる。やがて清は、中国・中央アジアまでを含む大帝国となった。女真族は、このように世界史上で重要な役割を果たしていたのである。

しかし、その発祥の地が、日本列島の対岸という地理的に近い向かい合う地域であるにもかかわらず、女真族が歴史上果たした役割に比して、この地域の歴史についての認知度は、現代の日本では残念ながら非常に低い。例えば高校の世界史の教科書の中でも、女真族やその前身について中世以前で関連する記述は少なく、おそらく受験問題の中で扱われることもほとんどないだろう。そして、日本史の教科書の中でも、朝鮮半島を除くと環日本海地域についての記述は非常に少ない。また、この地域について知識を持つ方でも、黒《くろ》澤明《さわあきら》の映画にもなったデルス・ウザーラのような、山中での狩猟を生業とする人々を住民としてまず連想するかもしれない。そうならば、素朴で自然とともに生きる平和な人々というような印象を持つことになるかもしれない。

たしかに、この地域の先住民の人々も女真族の後裔と考えられるので、それもまったく間違いではないのだが、そこから大規模な城郭を多数築造した戦国時代のような社会をイメージすることは難しいだろう。当然、この地域を比較材料とすることに、疑問を持たれる方も多いのではないだろうか。では、女真族の城郭を日本列島と比較する意義は、どこにあるのであろうか。

この点を考えるためには、まずこの地域の歴史と女真族の成り立ちや、彼らの城郭建設の背景について一定の知識が必要である。しかし、そのような条件にあてはまる人はごく限られているのが現状だろう。そこで、まず女真族の歴史をひととおり解説し、そのうえで日本列島との比較資料として取り上げる理由を説明したい。特に、さかんに城郭建設を行なった一二〜一三世紀の金代女真族については、多少詳しく述べておく必要があると考えている。その後で、彼らの築造した城郭について、実例を挙げながら特徴や機能を具体的に解説し、日本列島や朝鮮半島の中世城郭と比較してみたいと思う。

正直に述べると、私自身もともと女真族に対してさして関心があったわけではない。私が興味を持っていたのは女真族以前の時代であり、やはりこの地域に存在した渤海《ぼっかい》国までが主たる研究の対象であった。渤海国は七世紀の末から一〇世紀に日本海の対岸に存在し、「海東《かいとう》の盛国《せいこく》」と表現された国家である。そして、唐《とう》や古代日本ともさかんに交流していた。さらに、その文化に唐や高句麗《こうくり》の要素も見えることから、日本人研究者の関心も高い。私もこの渤海国にいたるまでの過程を明らかにし、日本の古代国家形成過程と比較することに興味を覚えていたのである。それに対して、同じ土地に暮していた女真族については、好戦的で未開な辺境の民族、「半猟半農社会」という程度の理解しかされない場合が多いように感じる。実際に私も、彼らの遺跡について論文などで触れる機会はあったが、以上のような先入観に影響され、その城郭や物質文化の内容についても、さほど注目してはいなかった。

そのような偏見がくつがえったのは、はじめて実際にロシア沿海地方の彼らの城郭遺跡を訪れた瞬間である。私も学生時代に中世城郭の調査に幾度か参加したことがあり、日本の中世城郭についても多少の知識はあった。しかし、そこで目にしたのは、それらをはるかに凌駕する内容・規模の遺跡であり、遺跡の分布範囲や密度についても渤海国以上であることに驚かされたのである。そして、博物館で出土資料を見学した際には、その物質文化の内容の豊富さに再度驚かされた。この地域が辺境とされていること自体に疑問を持つほどであった。その後、中国領内の遺跡なども実見する機会をたびたび得たが、この印象が変わることはなく、今にいたっている。そして、日本海の対岸に暮らしたこの女真族とはどのような人々であったのか、中国の北半を支配するまでにいたった原動力とは何であったのか、彼らがどのような意図で築城を行なったのか、私自身にもいくつもの疑問や課題が生じてきた。本書では、それらについて、まだ不十分なものではあるが、これまで考えてきたことを紹介させていただくつもりである。

一九世紀以降ロシア極東では、ロシア人の入植と定着とともに城郭遺跡への学術的関心が高まり、調査・研究が継続されてきた。中国東北地方では、満州国時代に日本人研究者による調査が開始され、中華人民共和国成立以後は中国人研究者による調査研究が進められてきた。その結果、中世城郭の位置や形状などの情報が蓄積され、遺跡の保存も図られてきた。しかし、女真城郭については、現地の研究者もそう多くはないため、調査・研究は着実に進められているものの、城郭の発見・確認や測量図作製などの資料化もまだ質・量ともに十分とはいえない。私の仕事も全体のほんの一部を対象としたにとどまっている。また、私は本来城郭研究を専門としてきたわけではなく、知己のロシアや日本の城郭研究者の方々に、数々の指導・助言を受けながら、手探りで研究を進めている状態である。しかし、より多くの研究者が関心を持ち、女真城郭を調査や考察の対象とすることが、研究の伸展に有効なのは間違いない。特に、城郭の資料化や比較研究には、日本の研究者の参加が重要な役割を果たしていくことは間違いない。また、日本の城郭愛好家の方々においても、日本列島のすぐ近くに多くの中世城郭が存在することを知ることは、城郭に対する新たな視点を持つきっかけとなるかもしれない。実際に、女真城郭は、日本列島の城郭とは異なる独自性を持ち、遺跡を訪れ山中を歩きながら城郭のさまざまな施設を確認していく中で、毎回新たな発見や驚きがある。城郭めぐりを体験されたことがある方には当然であろうが、このことが城郭をめぐる大きな喜びとなるのである。だから、可能であれば、多くの方々が現地を訪れ女真城郭めぐりを体験し、同じ感慨を共有していただくことを強く希望している。

また、これらの地域は、前近代においては地理的条件から人口流入や開発が小規模であったので、多くの中世城郭が良好に保存されてきた。ただし、近年では、さまざまな開発が大規模化してきたため、城郭遺跡の消失も進みつつある。地域住民の方々も、遺跡に関する情報に触れる機会が少ないこともあり、それらにさほどの関心を抱いているわけではない。これからの城郭遺跡の保存のためにも、成果や情報を発信し、遺跡のへの理解を拡げていくことが重要である。私たちが現地を訪れた際にも、外国人が遺跡に関心を寄せているということが、地元の方々の関心を刺激したことも多い。本書が、女真城郭への多くの関心・理解をもたらすきっかけの一つになれば幸いである。

なお、文中では、逐一典拠や参考文献をあげる形を取らなかったが、参考にした邦文書籍を最後にまとめている。より詳細に知りたいという方には、それらに目を通していただくことをお勧めする。また、邦文の論文・報告や、ロシア語・中国語・韓国語の論文・報告・書籍など多くの資料が本書の基礎となっており、本来はそれらも紹介すべきであるが、残念ながらそれらについては、一部を除き割愛させていただいたことを申し添えておく。

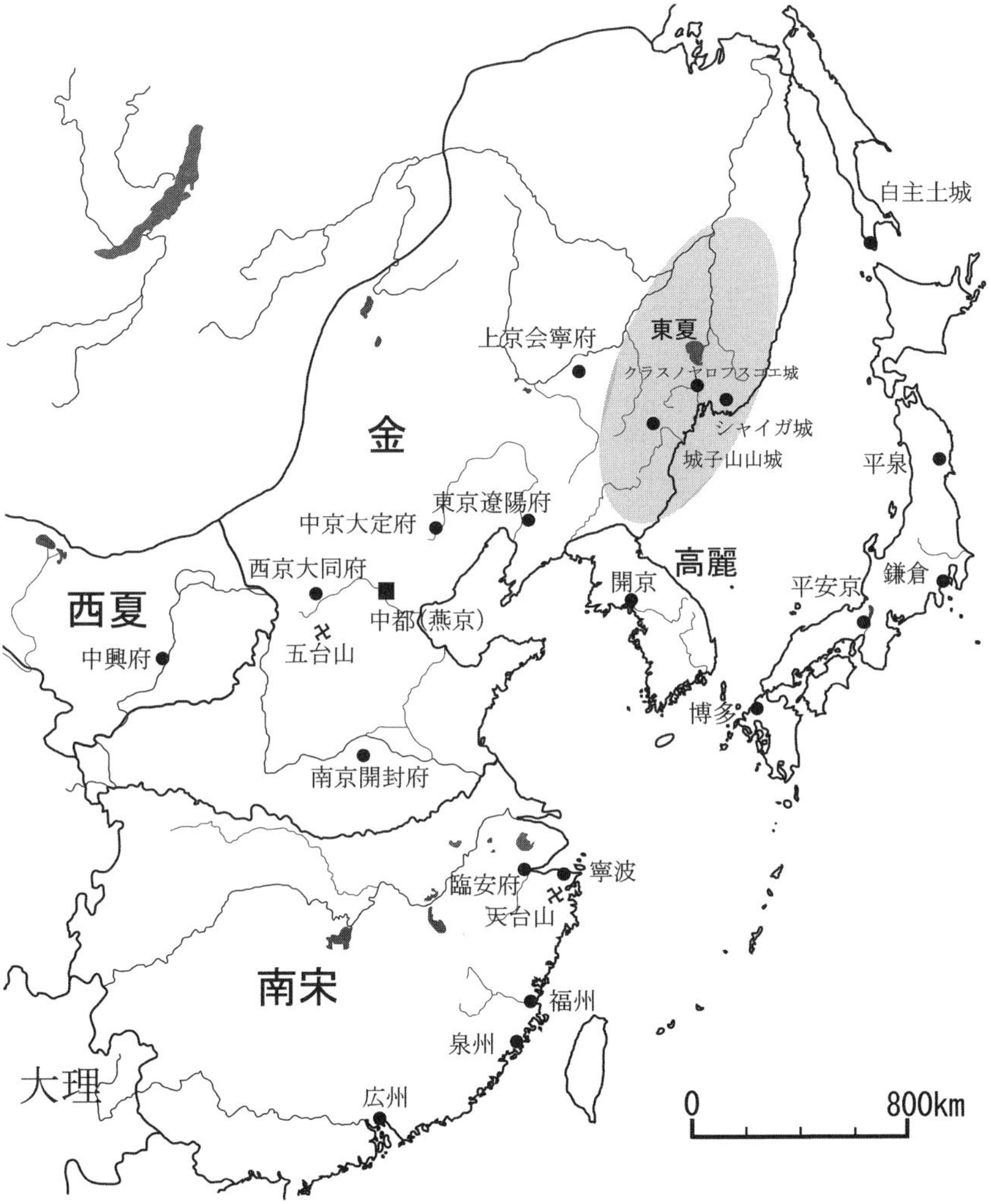
白主土城
東夏
上京会寧府
クラスノヤロフスコエ城
シャイガ城
城子山山城
平泉
金
東京遼陽府
中京大定府
高麗
鎌倉
西京大同府
開京
平安京
西夏
中都(燕京)
五台山
中興府
博多
南京開封府
寧波
臨安府
天台山
南宋
福州
泉州
大理
広州
0
800km

金代の東アジア

I 女真族とはどのような人々か

1 金建国までの環日本海地域

女真《じょしん》族や金《きん》国と聞いても、歴史に関心がある人でもそうよくは知らないという方がほとんどではないかと思う。ましてや、金の建国者である「完顔阿骨打」となると、読みもわからないし、「これは人名?」という反応になるかもしれない。同名の漫画家がいらっしゃるので、そちらをご存じの方はいるだろう。同じ北方系の集団であっても、金を滅ぼしたモンゴル帝国やチンギス・カンは知名度が高く、金国や阿骨打とは愕然とする差がある。これは、女真族・金国と日本列島との関わり合いが、あまり多くないということが原因となっているのであろう。金国の存続した時期は、日本は南宋との関わり合いが強く、金との直接的なつながりは少ない。

金以前で高校の日本史の教科書に登場する女真族は、「刀伊《とい》の入寇《にゅうこう》」の当事者たちとし

表 1-1　女真関連年表

世紀	中国東北部・ロシア極東	朝鮮半島	日　本	中　国
1〜3	挹婁　沃沮　夫餘	高句麗・三韓	弥生	後漢
3〜4			古墳	三国
4〜6	勿吉	三国		南北朝
6〜7	靺鞨		飛鳥	隋・唐
7〜10	靺鞨　渤海	統一新羅	奈良・平安	唐
10	女真　東丹	高麗	平安	五代・契丹
10〜12	女真			契丹・北宋
12〜13	金		平安・鎌倉	金・南宋

て知られているが、「元寇《げんこう》」と比べると規模や影響力の差もあって、日本史を学んでいてもよほど歴史好きな高校生でない限りは、忘れてしまうだろう。覚えていても、事件の内容が強盗・人さらいなので、ものすごく凶悪な人々という印象が残るかもしれない。私は、高校の世界史の授業のときに、「完顔阿骨打」のあまりの読みにくさが逆に印象に残り、「わんやんあくだ」とすぐに覚えてしまったが、名前の何ともいえない響きとともに、やはり野蛮で好戦的な女真族というイメージをずっと抱くことになった。その後、女真族の遺跡の調査を自分ですることになるとは予想もしていなかった。

　しかし、最初に述べたように、実際の遺跡・遺物にふれると、前述のようなイメージとの食い違いが非常に大きいことを実感する。そのため女真族が活発に築城活動を行うようになった背景を、その地域の歴史的経過とともに理解していただくことが必要であると考えている。ここでも、多少回りくどいことは承知のうえで、女真族の登場と金の建国にいたるまでの過程を、解説していきたい。

東夷の中の挹婁

東アジアの中でもっとも古い文献記録を持つのが中国である。中国から見て東北方面に居住していた諸集団は、まとめて「東夷《とうい》」と呼ばれていた。環日本海周辺地域についての最初の記録は、前漢の司馬遷《しばせん》の『史記』に現れる。その後『漢書』『後漢書』『三国志』などの正史をはじめとする史書の東夷伝や、この地域への訪問者の記録などの史料に記述が残されていく。古代の日本列島の人々が「倭」と呼ばれたように、この地域に住んでいた人々も中国世界からさまざまな名前で呼ばれていた。

日本列島と異なるのは、この地域の中心となる集団が単一ではなく、さまざまな名称が記録され、しかもそれらは出自や文化を異にすると認識されていたことである。紀元一〜三世紀頃には、挹婁《ゆうろう》（粛慎《しゅくしん》）、沃沮《よくそ》、夫餘《ふよ》と呼ばれる集団が存在していた。文献資料に基づくと、この中でおそらく後の女真族に直接つながる主な集団は、挹婁であった可能性が高い。東北平原の中心に位置していた夫餘は早くから首長の下で政治的統一をとげ、漢帝国の冊封《さくほう》（中国皇帝と近隣諸国が称号などを媒介として結ぶ名目的な君臣関係）を受けていた。

一方、その北にいた挹婁と東にいた沃沮にもムラをまとめるリーダー（長帥・大人）が存在し、社会の階層化は進んでいたものの、ともに小集団に分裂しており政治的統一はされていなかった。また、挹婁は夫餘に、沃沮は高句麗に従属していたという。そして、挹婁はしばしば夫餘・沃沮と抗争し、山中に穴居《けっきょ》（竪穴住居に住むこと）していたことが記載されている。また、五穀・麻を栽培し、ブタを飼育していたとあり、農耕と家畜飼養はすでに行われていた。考古学的には、紀元前後のこの地域には多種多様な文化が併存しており、おおまかに挹婁・夫餘・沃沮との対応も想定できるが、文献記録との細かい整合は取れていない。また、物質文化の面では、鉄器の普及が進み、急激に石器が消失する。そして、後漢併行期以降になると鉄剣《てつけん》や甲冑《かっちゅう》などの鉄製武器も出現する。史書の記載どおり、雑穀種子やブタが出土しており、南部では明らかな耕作具も存在するので、採集狩猟民ではない。

もっとも階層化が進んでいたと記録される夫餘の領域では、周囲に柵をめぐらす防御的集落が少数ではあるが確認されており、城郭的性格を持つ遺跡が存在した可能性は高い。そして、挹婁が居住していたと考えられる環日本海地域北部の三江平原《さんこうへいげん》（松花江《しょうかこう》・アムール川・ウスリー川の合流する地域の平原地帯）には紀元前後から四世紀頃に、滾兎嶺《こんとれい》文化・鳳林文化と名付けられた一連の文化において、多数の囲壁集落や高地性集落が築造された。文献資料の「山中に穴居」と符合する現象である。これらは、挹婁の対外関係や社会内部の要因に対応したものと考えられ、集落間抗争が存在した日本列島の弥生時代の環濠《かんごう》集落や高地性集落と同様な機能を持つと考えられる。しかも、集落内に数十基以上の住居が認められる大型集落や、内部をさらに土塁《どるい》で区画した例も少なくない。また、平地に方形に土塁をめぐらし内部に大型建物を配置した、土城といってもよいものまで出現する。方形城郭の周囲には一般集落が拡がるので、首長の居館であった可能性がある。方形城郭は漢文化、あるいはそれを積極的に導入していた夫餘の影響と考えられるが、その系譜が具体的に解明されているわけではない。しかし、挹婁の社会では、文献の記載以上に階層化や複雑化が進んでいたと考えられる。

靺鞨と渤海

南北朝から唐代の史料によれば、挹婁は五世紀頃になると勿吉《もっきつ》・靺鞨《まっかつ》と呼ばれる集団へ変化する。この頃には、夫餘・沃沮は衰退し、靺鞨は彼らの領域を取り込み、現在の黒《こく》龍《りゅう》江省《こうしょう》・吉林省《きつりん》・ロシア極東にまたがる広い地域に分布していた。環日本海地域のうち朝鮮半島を除く全域に展開していたといってもよい。考古学的には、この地域全域に土器・墓地・集落などの特徴が共通性の高い斉一的な文化が分布し、従来の小地域ごとに内容の異なる文化が存在するという傾向は弱まっている。文献資料が述べる靺鞨系集団の広い分布という状況とほぼ対応する様相が確認できる。ただし、靺鞨系集団が他の集団を駆逐したのではなく、夫餘・沃沮の人々の一部もこの靺鞨集団の中に取り込まれたものと考えられる。ただし、この靺鞨も部と呼ばれるいくつかの地域集団に分かれ、政治的な統一は果たしていなかったと記録されている。そして、「東夷最強」と記録され好戦的な集団であること、土地の生産力が低く主に狩猟に従事し、石鏃《せきぞく》を使用し竪穴住居に暮らすなど技術・生活水準が遅れていることが強調されている。この点では、前身である挹婁《ゆうろう》の社会と質的な差はないという印象を受けることとなるが、実は挹婁に関する記述をそのまま継承している部分があり、実態を反映したものとはいえない。例えば、考古学的には、靺鞨の段階では鉄器の普及が進み、石器の使用はほとんどない。実際には、靺鞨の段階には、技術的な革新も進み、従来以上に社会の階層化や政治的熟成が進んでいたと思われる。ウシ・ウマの飼養も靺鞨の時代に開始されていた。『魏書《ぎしょ》』や『隋書《ずいしょ》』などに記された事例では、五世紀末に北魏《ほくぎ》に朝貢した乙力支は馬五〇〇匹を献上し、高句麗侵攻の許可を願いでた。七世紀初めには、靺鞨首領の突地稽が千余家を率いて隋に内属し、遼西太守を授けられ、その後は唐にも仕えて将軍となっている。いずれも靺鞨の経済力・外交力・社会の階層性を示す出来事といえる。隣接していた高句麗との関係も複雑であり、対立していた諸部と、臣属した諸部の双方が存在した。そして、この段階には、前代にさかんに築造された防御的集落が見られなくなることは注目される。靺鞨集団内部の抗争は、下火になったらしい。

その後、七世紀に高句麗が唐に滅ぼされた後、高句麗の配下にあった靺鞨集団の多数は高句麗遺民とともに営州（現在の遼寧省朝陽《ちょうよう》市付近）に移住させられるが、その他の靺鞨集団は、そのままそれぞれの居住地を保っていたらしい。この状況に変化が生まれるのは、七世紀末に営州に移住した靺鞨人と高句麗遺民たちが契丹《きったん》人の反乱に同調して自立し、東に逃れて靺鞨の領域に震《しん》国を建国したのがきっかけである。震国はやがて唐の冊封を受け、渤海国が成立する。この渤海国が日本の古代国家とさかんに交流していたことはよく知られている。そして渤海国の段階になり、唐に倣った行政組織や軍制が整えられ、都城や州城などの城郭の建設が本格化した。同時に寺院や貴族墓の建設も行われた。しかし、渤海国の領域に全ての靺鞨集団が組み込まれたのではない。高句麗滅亡後も多くの靺鞨人たちは本来の土地に住み続けたと思われ、特に高句麗からは独立していた北部の靺鞨人たちは、渤海国成立後も独立性を保ち続け、やがて北進して領土の拡大を目指す渤海国と敵対するようになる。その主体となった黒水靺鞨は、複数の部に分かれ政治的統一を果たしていなかったものの、統合化は進んでいたらしい。渤海国に対抗するため、黒水靺鞨は唐に黒水軍の設置を依頼し、もっとも有力な部の首領が都督《ととく》に、その他の首領が刺史《しし》などの官職に任命され、八世紀末まで朝貢が継続された。有力首長を頂点とする連合が形成され、独自の外交を行なっていたものと思われる。しかし、北部靺鞨人たちは、渤海国の攻勢を支えきれず、九世紀頃には、渤海国に組み入れられるようになったらしい。それを示すように、九世紀には北部靺鞨から唐への朝貢は行われなくなる。ただし、渤海の統治はあくまでも名目的なもので、本来の北部靺鞨集団の社会構造と独立性を保ちながら、それを渤海の行政組織に組み込んだらしい。そのため、アムール川流域や沿海地方北部には州城や寺院のような渤海国の行政組織と関わる遺跡は存在せず、従来と同様な靺鞨人たちの集落が継続している。また、両者の境界域では一部に丘陵上に防御施設を設けた集落（山城）の築造も見られるが、これは渤海国と北部靺鞨集団たちの緊張関係を反映したものと思われる。

東夷諸集団と倭

渤海国成立までのこの地域の動きを、同時期の「倭」の記述と比較すると、共通点が多いことに気がつくはずである。社会の階層化や抗争による社会・集団の変化が、防御集落の出現と結びつき、やがて集団の再編成とともにそれらが姿を消す。そして、国家の成立とともに都市建設が開始される。地域集団が、政治的統合へと向かう様子は、大陸・半島・列島という地理的条件の差はあれ、中華帝国の成立による刺激を受けて、技術や制度・文化の導入を進める中で、朝鮮半島・日本列島などと同時に生じた類似現象として考えることができそうである。特に、漢帝国の直接の進出は大きな契機となっただろう。日本海の対岸地域では武帝により楽浪《らくろう》郡と同時に設置された玄菟《げんと》郡が、大きな影響を与えたらしい。生活や戦いに変革をもたらした鉄器は、戦国時代に燕《えん》からの流入が開始され、漢代には普及が進む。そのことは、社会にも変化をもたらす要因の一つとなったと考えられる。この点も日本列島と共通する現象である。さらに、渤海国成立後の渤海国と北部靺鞨との関係は、日本列島の古代国家と蝦夷《えぞ》との関係に類似しており、大唐帝国の周辺における律令国家の形成と領土の拡大・小中華化という共通した動きが見られるのである。以上のような共通点ばかりではなく、特に一〇世紀以降になると、摂関政治から武士の社会へと進む日本列島と、中華帝国化への道を進む女真社会というように、異なる動きが顕著となる。極東アジア地域に共通した特性や、日本列島の独自性を考えるうえで、両者を比較することにより、それぞれを単独で考えるより明確にすることができると考える。これが、日本海の対岸を比較材料とすることの根拠の一つである。

なお、城郭の発展を考えると、丘陵上に防御的集落を設ける伝統が、この地域にも漢代頃に生まれていたことは興味深い。高地に集落を設ける伝統は中国本土では希薄であり、わずかに中国の縁辺に位置する遼西《りょうせい》や内蒙古の夏家店《かかてん》下層文化において見られる程度である。しかし、朝鮮半島や日本列島を含めた環日本海地域では、このような集落が、やがて多数築造されることとなる山城を生み出す基盤となったと考えられるのである。

女真族の登場

渤海国は九二六年にモンゴル高原東部で勃興した契丹国《きったん》（遼《りょう》）の攻撃を受け滅亡する。その後、渤海国の領域に契丹国の傀儡国家である東丹国《とうたん》が置かれるが、渤海人の抵抗や契丹国内部の混乱もあり実態を失い、やがて渤海国や北部靺鞨の領域は、靺鞨の後裔である女真族が居住する地域となった。東丹国以後は、女真社会の全体的な統一はなされず、靺鞨族の時期と同様に、女真族も部族による地域集団から構成されていた。個々の地域集団の呼称には河川の名称が用いられることが多く、各集団は水系ごとにまとまりを持っていたらしい。渤海国による外見上の統一の背後に、靺鞨諸部の独立性は保持され続け、それが女真族に継承されたということであろう。契丹国は、唐滅亡後の混乱期に中国北部にまで領域を広げ、やがて中国を再統一した大宋帝国と対峙するようになる。また、女真族に対しても征討がたびたび行われ、やがて、女真族は、契丹国の戸籍に組み入れられ直接統治された「熟女真」と、各部族の族長が地方官に任命され間接統治された「生女真《せいじょしん》」に区分された。熟女真の領域は遼東地域を中心とし、生女真は現在の黒龍江省・ロシア沿海地方・朝鮮北東部に分布していた。生女真の土地は、金・良馬・人参・貂皮・真珠などの名産に恵まれ、彼らはそれらの交易により大きな利益を上げていた。しかし、契丹国は女真族の分裂状態を利用して、不平等な取引やさまざまな貢納などの圧政をしき、女真族の不満は蓄積され続けた。

女真族は、契丹以外に南の高麗との間にもさかんに交易を行なった。一方、『高麗史』

によれば、日本海沿岸地域の東女真は高麗との交易も行いながら、たびたび船団を組み高麗に侵攻し略奪を行なっていた。一〇一九年（寛仁三）にその東女真の船団が、対馬海峡を渡り九州まで到達して襲撃を行なったのが「刀伊の入寇」として知られる事件である。ただし、高井康典行によれば、このような襲撃活動は、契丹の女真に対する軍事行動と連動しており、契丹の圧力がもたらす女真社会の混乱に起因するものと考えられるという。このような契丹国のくびきをようやく女真族が脱するのは、一二世紀のことであった。

2　金の建国から滅亡まで

金の建国・華北制圧と城郭の設置

金代女真についての主な記述としては、正史である『遼史《りようし》』『金史《きんし》』『元史《げんし》』の他に、『契丹国志《きつたんこくし》』『大金国志《だいきんこくし》』、南宋の徐夢莘が宋・金両国の交渉関係文献を編集した『三朝北盟会編《さんちようほくめいかいへん》』、南宋の使者洪皓《こうこう》が金に一五年間抑留された際の見聞を記した『松漠紀聞《しようばくきぶん》』などをあげることができる。それらに基づきながら、まず金代女真のあらましを述べていこう。

契丹国の圧政から女真族を解放し、女真族の統一を果たしたのは、生女真の一部族である按出虎水完顔《あんしゆつこすいわんやん》氏の族長阿骨打《あくだ》である。按出虎水完顔氏は現在の黒龍江省の省都であるハルビン市の南方、按出虎水（現在の阿什河《あじゆうが》）の流域を本拠とし、阿骨打の父の代から勢力を拡大していた。阿骨打が族長を継いだ翌年に、契丹国との交易が行われていた寧江《ねいこう》州に攻め入り、さらに各地の生女真を統一する。そして一一一五年（収国元）に皇帝に即位し、金国（大女真金国）を建国した。その後、遼東地域を平定し、熟女真も傘下に収めることとなった。さらに、阿骨打は勢力を華北方面にまで広げていく。阿骨打の病没後は、弟の呉乞買《うきつばい》が帝位を継ぎ、軍事行動も継続された。一一二五年（天会三）に契丹国を滅ぼし、さらに一一二七年宋の都開封を陥落させ、皇帝・上皇を金の領内に拉致し、北宋を滅亡に追い込んだ。宋の皇族・貴族は江南に逃れ南宋を樹立し、金と対峙することとなった。

その後、いったんは華北の直接統治を避け、傀儡政権である斉《せい》国を樹立して華北の間接統治を図るが、一一三七年（天会一五）に斉国を廃して直接統治に移る。そして一一四二年（皇統二）の北宋との講和を機に女真人の華北移住がさかんになる。さらに、一一五三年（貞元元）には、都を中都（現在の北京）に遷し、金の主体を華北に据えたのである。

女真の地に加え、契丹の領土と華北を加えることにより著しく領土を拡大した金は、新たな領土に、契丹・宋にならい「路」「府」「州」「県」などの行政区画を設置し、漢人・契丹人らを統治した。一方、女真族に対しては、猛安《もうあん》・謀克《ぼうこく》制度という軍事・行政組織を編成して統治にあたったのである。三〇〇戸を一謀克部、一〇謀克を一猛安部として、女真社会を再編成し、これを基礎に徴兵・徴税の単位としたのである。華北に大量移住が行われたとはいえ、女真族の故地にも、多くの女真人たちが居住を続けていた。女真族の故地は上京路という行政区分に含まれ、初期には都として按出虎水完顔氏の根拠地であった阿什河流域に会寧府《かいねいふ》が置かれた。上京路は、さらに数個の下級路に分かれ、その下に猛安部・謀克部が置かれていた。この上京路は、まさに猛安部・謀克部を主体に編成された地域であったのである。猛安部・謀克部の名称は、河川名によるものが多く、その設置は流域ごとに分かれた女真族諸部のそれぞれの領域に基づき行われたのであろう。

金の各行政区域には、中都と五京（上京会寧府・東京遼陽府《りようようふ》・北京大定府・西京大同府《だいどうふ》・南京開封府《かいほうふ》）や、路・府・州の中心に城郭都市が築かれた。その中には契丹の城郭都市を継続して使用したものも多い。そして上京路においても、他地域にならい下級路や大規模な猛安部に城郭都市が築かれることとなった。下級路には萬戸《ばんこ》・節度使《せつどし》などの地方官が配され、それぞれ城主として、猛安謀克戸を統治したと考えられる。

金が設置したと考えられる城郭は、中国東北部よりさらに北のロシア領である現在のアムール川流域にも存在し、金の統治領域は中国方面のみではなく北側にも広がっていた。これを、金の先達ともいえる渤海国と比較すると、その城郭はアムール川流域には分布せず、実質的領域はそこまで達していなかったと考えられる。金の城郭は女真族の統一により、「海東《かいとう》の盛国《せいこく》」と呼ばれた渤海国を凌駕する勢力を金が維持していたことを示す具体的な事例であり、金が北宋を滅ぼし華北へ進出することを可能にした基盤の一つであったといえよう。

金代女真の社会的背景

城郭の役割を考えるうえで、それらがどのような社会的・歴史的背景の中で機能していたのかを理解することが不可欠である。しかし、前節で述べたように、小勢力に分かれ、統治制度も整備されず、大国からの圧力も受けていたと記録されている女真族が、その後短期間に国家を樹立し、さらに中国の北半を制圧する王朝にまで発展したことを日本列島における国家の出現過程と比較すると、その評価が難しいのではないだろうか。女真族の最初の国家を金と考えると、複数部族が併存する首長制の段階から三段跳びのように一気に王朝国家に変化したことになる。東洋史研究においても、契丹・金・モンゴルのように北アジアの辺境の集団が短期間に統合され、その後、王朝国家・広域国家へと変貌する現象は注目されてきた。「征服王朝」「中央ユーラシア型国家」というような表現で呼ばれ、その軍事力の充実を主たる要因として強調されることも多い。

しかし、これらの諸国家の勃興期については文献資料が限られ、しかも残る文献資料の多くが侵攻を受けた中国側からの視点で書かれているため、その変化の原動力や要因を解明しきれてはいない。また、北方の集団と一括りにはしても、草原地帯で遊牧を経済基盤としていた契丹・モンゴルと、森林・平原地帯で農耕・狩猟などを基盤とした女真族とでは、まったく条件が異なるので、その成長の背景に同じ要因を想定することには無理がある。

ところで、日本列島における国家形成過程は、弥生時代から古墳時代にかけて部族制社会が成立し、その後、大和王権を中心とする首長連合から古代律令国家へという流れでとらえられている。大和王権の時代以降を初期国家としてとらえる考え方もある。国家を規定する要素としては、階級・身分制、租税・徭役、政治権力・官僚制の有無、物資の流通などが挙げられている。考古学的には、それらに対応する現象として、巨大墳墓、大型建物・倉庫群、生産遺跡などが取り上げられる。

しかし、金代以前の靺鞨~女真期の考古資料を見る限りでは、渤海国の資料を除き、日本列島と同様な現象はきわめて部分的にしか確認できていない。例えば、アムール川流域の墓地遺跡では、土坑墓《どこうぼ》が列をなして並び、多少の規模・副葬品の差はあるものの、高度に階層化された様子はうかがえない。そのために、いっそう評価が難しくなり、文献資料の記載にあるような、身分制・官僚制・生産流通の未発達な社会像をそのまま取り入れてしまう傾向がある。では、実際にそうであったのだろうか。

渤海国の主体となる構成集団が靺鞨人たちであったのは確かであるが、彼らが渤海国のような国家形成を可能にしたのは、重要な構成員である高句麗人たちの力によることが大きいと考えられており、支配層が高句麗人たちであったとする説もある。また、営州に居住していた段階で唐の文化に触発されたことも確かであり、その後も唐の影響は大きい。このような先進地域からの影響が、渤海国成立の原動力であったと考えることもできる。しかし、渤海領域外の靺鞨人たちが、挹婁《ゆうろう》の段階からまったく変わらない社会を継続させていたわけではない。すでに述べたように、七世紀初めの靺鞨社会にはすでに数千人を動員できる首長が存在し、渤海に拮抗した最大勢力である黒水靺鞨は、八世紀には唐との外交関係をしたたかに利用していた。また、考古資料においても、工人を用いた窯業や金属器などの生産・流通は、渤海国のみならず北部地域においても九世紀には開始されていた。現在、考古資料で金代以前の政治的センターを示すような遺跡が確認できていないのは、調査数の不足や遺跡の消滅によるところが大きいと考えている。また、墳墓については、そもそも靺鞨・女真社会では大型墳墓というような発想が希薄であったものと思われる。高度に階層化されたはずの金国の時代においてすら、女真社会では、ごく少数の皇帝陵や中枢の貴族たちを除けば、貴族墓でも大型の墳墓は主流ではない。

金建国以前の様子を記述した『金史』の世紀には、阿骨打以前の完顔部族長の事績が記されており、特に阿骨打から五代前の景祖《けいそ》以降の記述は、史実に基づくものであると考えられ、一一世紀頃からの生女真の動向を知ることができる。その中には、各地の女真部族の城の存在や戦闘の様子が記録されている。そして一一世紀後半段階で、阿骨打以前の族長らにより、完顔部の生女真統合はかなりの程度で進められていた。また、阿骨打の生涯を記録した『金史』太祖《たいそ》本紀《ほんぎ》には、建国直前の租税や刑法、駅伝・信牌《しんぱい》（交通手形）、に関しての記述もある。つまり、金の建国直前には、完顔部を中心とした生女真は、政治・法制度の整備もそれなりに進み、少なくとも初期国家の段階には達していたと考えてよいだろう。その基盤の存在が、王朝国家金の成立を可能にしたのである。その後、阿骨打は熟女真などの周辺部族も傘下におさめ、全女真の統合に成功した。

しかし、金建国当初の体制は強力な中央集権であったわけではない。河川流域をそれぞれの根拠とする族長たちの連合体制としての面は色濃く残っていた。建国前には、孛菫《ボギン》と呼ばれた族長たちがそれぞれの領民から兵士を徴集し、軍を構成した。それぞれの孛菫たちは、規模に応じて猛安や謀克と呼ばれた。金の初期には、全女真集団の統一がなったこともあり、統治制度の整備のため、最高決定機関として勃極烈《ボギレ》制度が制定された。勃極烈とは女真の部族長の敬称であるが、それを有力部族長の官職名として、国政を担当させたのである。さらに阿骨打は、地方統治の単位として、猛安・謀克による軍事組織を編成し、それぞれに行政的役割も持たせた。また、孛菫を地方長官とする制度も整備された。

しかし、第二代太祖の時期には、行政・兵制の要となる猛安・謀克を皇帝の統制下に置き、中央集権の強化が図られた。さらに第三代熙宗《きそう》の時代に、中国的な三省による政治組織を整備し、かつ女真族の族長層らによる伝統的な勃極烈制や孛菫制を廃止することで、その傾向はさらに強められた。しかし猛安・謀克制度にしても、土地・人民の族長層による世襲が基本であり、かつその単位となる謀克も同族団の集合体であったため、従来の女真社会の性格も色濃く残していたと思われる。金代女真族の城郭建設の背景には、以上のような社会状況があったことを考慮しなくてはならない。つまり、築造されたそれぞれの城郭には、王朝国家金の政治・経済体制と伝統的女真社会の双方の性格が反映され、中央集権的要素と部族連合的要素の双方が共存していたと考えられる。

金代の東アジア情勢

城郭設置を考えるうえで、もう一つ考慮しなくてはいけないのは、金をとりまく外交情勢である。日本においても、唐・新羅との外交関係から古代山城が築城され、元寇に対応して防塁が築かれるなど、当時の外交関係が築城活動を活発化させたのと同様である。地続きで国境を接する大陸においては、外交情勢はより切実な問題であった。

金は建国当初から契丹国（遼朝）との戦争状態にあった。契丹は、一〇〇四年（統和二十二）に北宋と結んだ澶淵《せんえん》の盟の後は、北宋との平和的関係を維持していた。しかし、燕雲《えんうん》十六州の回復を目指す北宋は、金との挟撃による領土回復を目指し、金と同盟を結んだ。その後、金から燕雲十六州の割譲を受けるものの、北宋側の盟約の不履行などから両国は戦争状態になる。契丹滅亡後、金は一気に北宋の首都開封に攻め入り、一度は和約にいたるものの、再度の条約不履行により、一一二六年（靖康元・天会四）に開封が陥落し、北宋の皇帝・上皇が捕えられ、北宋が滅亡する。その後、江南を拠点として南宋が興され、金と抗争を繰り返す。第三代の熙宗の代に、南宋では和平派の秦開《しんかい》が宰相となり、一一四二年（皇統二）に和議が結ばれた。しかし、その後熙宗をクーデターで倒し即位した第四代海陵王《かいりょうおう》は、南征に積極的であり、再び交戦状態になる。しかし、政治的混乱を招いた海陵王はクーデターで殺され、第五代世宗《せいそう》は一一六五年に南宋と和約を結び、しばらく平和な状態が続くことになった。

　一方、南に位置する高麗との間ではすでに述べたように、金建国以前には、女真族の一部は高麗に朝貢し交易も行う一方で、略奪行為もはたらいていた。そして阿骨打の父で二代前の完顔部族長盈歌《えいか》の時代に、完顔部は豆満江《とまんこう》流域を勢力下に収め、高麗と境界を接するようになる。そして、次の烏雅束《うがそく》の代に曷懶甸《かつらんでん》地方（現在の咸鏡南道《かんきょうなんどう》）に進出し、高麗と紛争を起こすことになった。高麗側は、城を築くなどして完顔部に対抗するが、やがて講和が結ばれ曷懶甸は完顔部が領有することとなった。その後、高麗とは平和的な関係が続くこととなった。

　このように、世宗の代に対外関係についていったんは安定した状態がもたらされたわけだが、その治世の終わり頃から北方のタタールやモンゴルの侵攻に悩まされることとなる。

そのため、次の皇帝である章宗《しょうそう》は、領土の北辺に長大な界壕《かいごう》（長城）を建設した。界壕の内側には、辺堡《へんぽ》や城址《じょうし》を付属させ、防御力を高めていた。さらに、たびたび軍を発し、草原地帯の諸部の鎮定を図った。現在のモンゴル国ヘンティー県セルベン・ハールガには、一一九六年（明昌七）の紀年がある、右丞相完顔襄《うじょうしょうわんやんじょう》による阻僕（タタール）征討の戦勝記念碑文が残されている。北方経略により、一時的な安定は得られたが、その状況はモンゴル帝国の成立後に大きく変わることとなった。一二〇六年にモンゴル高原の遊牧勢力を統一したチンギス・カンは、政治体制を整えるとともに、一二一一年（大安三）から金の征討を開始した。この後、金は滅亡への道をたどることとなった。

モンゴルの南下と金・東夏の滅亡

金の弱体化は中都への遷都と大量の女真人の華北移住後から始まっており、土地を割り当てられた猛安・謀克戸は徐々に困窮化し、黄河の水害などもあって、財政難や女真族の経済的没落は進行し、国力は著しく低下していった。この中で、さらに痛手となったのがチンギス・カンに率いられたモンゴル軍の侵攻であった。一二一一年（大安三）から侵攻が始まり、一二一五年（貞祐三）には中都が落とされ、金は都を南の開封に移し、河北・山東・山西はモンゴル軍の占領下におかれた。国力の衰退によりチンギス・カンの侵攻を支えきることができなかったのである。一方、一二一五年に遼東《りょうとう》の反乱鎮圧に派遣された金の将軍蒲鮮万奴《ほせんばんど》は、遼東で自立し大真国《だいしんこく》を樹立したが、一二一六年（貞祐四）にモンゴル軍に降伏する。その後、本拠地を女真族の故地である上京路の東部に移し、東夏ないしは東真の名称で自立を続けた。東夏は金の統治制度を引き継ぎ、独自に、都城建設、年号の制定、官制の整備を行なったことが、出土する官印などから推定できる。こうして女真族を中心とする勢力は二つに分断されることとなったのである。東夏は一時モンゴルと和睦し、またモンゴルが征西に主力を向けたこともあり、しばらく余命を保った。しかし、一二三三年に再びモンゴル軍が侵攻し東真が滅亡し、翌年には金が滅亡した。遼東や旧上京路などの女真族の故地は、モンゴルの行政区画に組み入れられ、かつての生女真の土地では女真人たちが金建国以前と同様な生活を続けることとなったが、設置されていた城郭都市はその政治的・軍事的役割を失い、打ち捨てられていったのである。再度、女真族が世界史の表舞台に登場してくるのは、一六世紀の建州女真の族長ヌルハチによる女真族統一と清朝の勃興を待たねばならなかった。

本章では、女真集団の成立から金・東夏の滅亡までの様子を、時代順に簡単に解説してきた。次章以降で述べていく一二〜一三世紀の女真族の城郭建設の社会的背景に、このような状況が存在したのである。そして、金・東夏の統治制度・軍事と城郭建設には強い関わりがあった。とりわけモンゴルの侵攻は、東夏の築城活動と深く関わっていたのである。特に東夏は主に女真集団の故地を領有したため、本書で取り上げる環日本海地域の城郭の中には、東夏の建設したものが多く含まれている。以下では、城郭の原点ともいえる防御的集落から金・東夏期の城郭遺跡までを、実例をあげながら具体的に解説していきたい。

コラム1　ロシア沿海地方の城郭遺跡測量調査方法

我々は二〇〇五年から科学研究費（特定領域研究「北東アジア中世遺跡の考古学的研究」、基盤研究Ａ「極東古集団の形成・統合」）の助成を受け、ロシア沿海地方で女真《じょしん》城郭の調査を継続してきた。日本での中世城郭調査としては、踏査により確認・位置の特定、縄張り図の作製、測量調査、発掘調査などが行われている。ロシアにおいても、もちろん原則としてこのような調査が行われる。しかし、城郭遺跡は比較的小規模なものでも、通常の遺跡と比較すると規模が大きく、かつ山城の場合には調査の労力もかなりかかることになる。そのため、日本のように多数の遺跡が確認されていると、すべてに対して詳細な測量調査や発掘調査を行うことは不可能である。もちろんこれは中国領内や北朝鮮においても同様であろう。そこで、我々が目指したのは、日本で発達した縄張り図の作製である。日本ではこの縄張り調査により、多くの中世城郭に対して、研究や遺跡保護に活用できる資料の蓄積が進み、大きな成果をあげてきたことは、城郭に詳しい方ならば周知のことだろう。一方、ロシアではどうであったかというと、コンパスや巻尺、歩測などを利用して、城壁や他の遺構を計測した簡易的な城郭の全体図は作成されていた。あとで述べるが、この図面は計測機器精度の制限にもかかわらず、比較的正確であり、城壁の平面形などの特徴を十分に記録していることは確かである。ロシア考古学の技術水準の高さを示す好例であると考えている。ただし、正確な遺跡の位置や地形については、記録情報が少ないという限界があるのも確かである。これは、技術的な問題というよりも、軍事上の利用で地形図の使用が強く制限されていたことが主たる要因である。

日本では城郭調査の場合、最低でも二万五〇〇〇分の一程度の縮尺の地形図を使用でき、可能な場合は五〇〇〇分の一のような小縮尺の地図が使用される場合もある。そのため、城郭の位置もかなり正確に特定でき、縄張り図を地形図上に展開することが可能である。しかし、ロシアの場合は、地図は軍の管轄する機密事項であり、考古学者が簡単に使用できるものではなかった。最近になって、ようやく一〇万分の一程度の縮尺図を活用することが可能になったが、これでも縄張り図を作成するには限界がある。

そこで、我々は縄張り図に近い測量図を、比較的簡単に作成する方法を検討してきたのである。当然、海外調査という条件上、人員や予算の面での限界があることも考慮した。まず位置の特定という点については、GPS受信機を活用することとした。ただし、GPSのみで、計測を行うことは問題があった。一つはGPSの精度である。簡易的な受信機の場合、水平位置では二〇メートル程度の誤差が生じることもあり、高度についてはさらに誤差が大きくなる可能性があった。

次に、地理的条件であり、多くの山城がシホテ・アリン山脈の原生林中に立地しており、GPSの信号が受信できない場合も多いと予想されたためである。実際に、GPSで位置計測を行うと、森林中では受信が途切れる、あるいは受信状態の悪化のため計測位置が大きくふれるという現象が生じ、この懸念は現実のものとなった。そこで、GPSで受信できる地点ではGPSを、深い森林の中などは、GPSで計測した地点からレーザー距離計と電子コンパスを用いて、遺構や地形の計測を行う方法を採用した。

まず基準点の緯度と経度をGPS受信機で計測する。次に、その位置を平面直角座標値で表す。日本では、日本の国土座標系の数値に直すのが望ましいが、海外では使えない。ロシアの座標系の詳細がわからないので、我々は、全世界に使用できるUTM座標系（沿海地方では52N系・53N系）を用いた。GPSで得られる高度は、地球の形に近似するWGS84楕円体からの高さであるが、標高の基準である平均海水面は重力により歪みが生じている。そのため、標高値を得るためには楕円体高と平均海水面高（ジオイド高）との差を考慮する必要がある。そこで、GPSで得られた楕円体高を、米国地球空間情報局（National Geospatial - Intelligence Agency）が提供する座標変換ソフト（Geotrans）により、EGM96重力モデルによるジオイド高を用いて変換した。このようにして三次元の座標値として得られた基準点にレーザー距離計と電子コンパスを設置し、測定箇所への方位と距離を測定し、データロガーに用いたPDA上に記録するという方法を用いた。これにより平板と同じように図面を作成することができる。電子コンパスは磁針方位であるが、これはGPSで測定した二点から真北方向を求め、これと電子コンパスの磁北からの方位測定値と対照し磁気偏差を測定して、磁北から真北への変換を行なった。

以上の方法は、日本でも森林調査で行われている方法である。もちろん詳細な測量に比べれば、誤差は大きいがそれでも縄張り図に近い精度の図面は作成可能である。GPSの個々の計測において生ずる地点の誤差については、当初二台のGPSを用いて、基地局と移動局とし、基地局の計測値をもとに後処理で誤差の補正を行うディファレンシャル補正という方法をとった。これにより、各点の相対的な位置の水平誤差は数十センチ以内に抑えることができ、大規模な遺跡の計測にはほとんど問題にならない。また、基準局の設置の際には、長時間連続計測による平均値を用いた。三角点などの座標を基にしたキネマティック測量などよりは精度が落ちるが、経験的には大きくても一メートル程度の誤差に抑えることが可能である。また、二〇〇六年からは、日本の静止衛星MT—SATからの補正情報を基にしたSBAS方式によるディファレンシャル補正が可能になり、GPS単独で計測しても、平均化により短時間で一メートル以内程度の誤差で計測が可能になった。この補正情報はロシア沿海地方においても利用が可能である。このようにして、城郭址内にGPSで何ヵ所か基準となる点を計測し、それぞれの点からコンパス測量を行い、あとでそれをつなぎ合わせて遺構と地形を測量したのである。さらに遺構の立地する広い範囲の地形については、人工衛星やスペースシャトルの計測した全世界の高度情報を用いて復元を行い、そこに測量結果を重ねる方法をとった。双方に誤差が存在するので、どの程度整合するか不安であったが、数メートル以上というような大きなずれは生じず、実用に問題はなかった。通常使用される城郭測量図の縮尺は、一〇〇〇分の一以下であり、一メートルのズレは図上では一ミリ以下となるので、数メートルでも簡易図としては特に問題がない。また、この計測結果を、旧ソ連作製の二〇万分の一の地形図と照合しても大きなずれはなく、方法の有効性が確認できた。

以上の方法で、周長二〇〇〇メートル程度の城郭ならば数日間で計測することが可能になった。ただし、これでも少ないメンバーと日数では、多数の城郭を図化はできない。そこで、次に考えたのが、これまでの調査成果の活用である。いくつかの遺跡で、ロシア側の作製した既存の図面がどの程度正確であるかを確認するため、GPSで城郭の特徴的な地点を数ヵ所計測し、そのポイントに図面を合わせてみたところ、多くの図面がかなり正確に計測地点と整合することを確認できたのである。ロシアでは、距離や角度を測るセオドライトやトータルステーションなどを調査に用いることはごく稀であり、城郭の計測においては、レベルを用いて比高を測る程度のことはするが、コンパスを用いて方向を測り、メジャーや歩測で距離を測る程度である。また、参考にする地形図も使用できないので、労力がかかるものの精度については疑問符が持たれるところであるが、全体的な形状は良好に記録されており、記録のための観察も十分に行われていたのである。機器にたよらず、長年調査を続けてきた経験が、十分に生かされていたといえよう。日本の中世城郭研究と同様に、現地をくまなく歩きよく観察することが重要であることを実感した。そこで、図面の存在する城郭については、遺構の特徴的な地点をGPSで計測し、GISソフトによりその基準点を用いて既存の図面を合わせるジオリファレンスという方法を用いた。同時に、やはり全世界の高度情報をもとに地形図を作成し、それを城郭図面と重ね合わせた。こうして、位置・地形・遺構等の形状を情報として持つ図面を作成し、十分に資料として活用することができるものとすることができたのである。この二つの方法を用いることにより、毎年数ヵ所の城郭図面を作成することができ、三〇ヵ所以上の図面を作成できた。現在は、城郭の測量作業は中断しているが、ロシア極東地域には、まだ測量図の作成が必要な中世城郭が多く、いずれまた再開していきたいと希望している。

II 金・東夏以前の城郭

日本海対岸には、女真族《じょしん》が現れる以前にも、城郭あるいはそれに類似する施設が存在した。これらは、すでに述べたようなそれぞれの時代・社会の状況や必要性に応じて出現し、築造・利用されたものである。そして、そのいくつかの要素は女真の城郭にも受け継がれていったと思われる。本章では、女真城郭出現以前の環日本海地域の城郭について実例をあげながら紹介し、女真城郭出現にいたるまでの過程を述べていきたい。

1 初期鉄器時代—城郭の発生

環日本海地域では、紀元前後から土塁《どるい》（城壁）や堀をめぐらす防御的な集落が築造され、少なくとも紀元五世紀頃までは、その築造が続いていた。その中には城郭と呼んでもおかしくない規模のものも存在する。特にアムール川・松花江《しょうかこう》・ウスリー江とその支流が流れる三江《さんこう》平原では、そのような集落が集中することから、注目されている。これらの遺跡

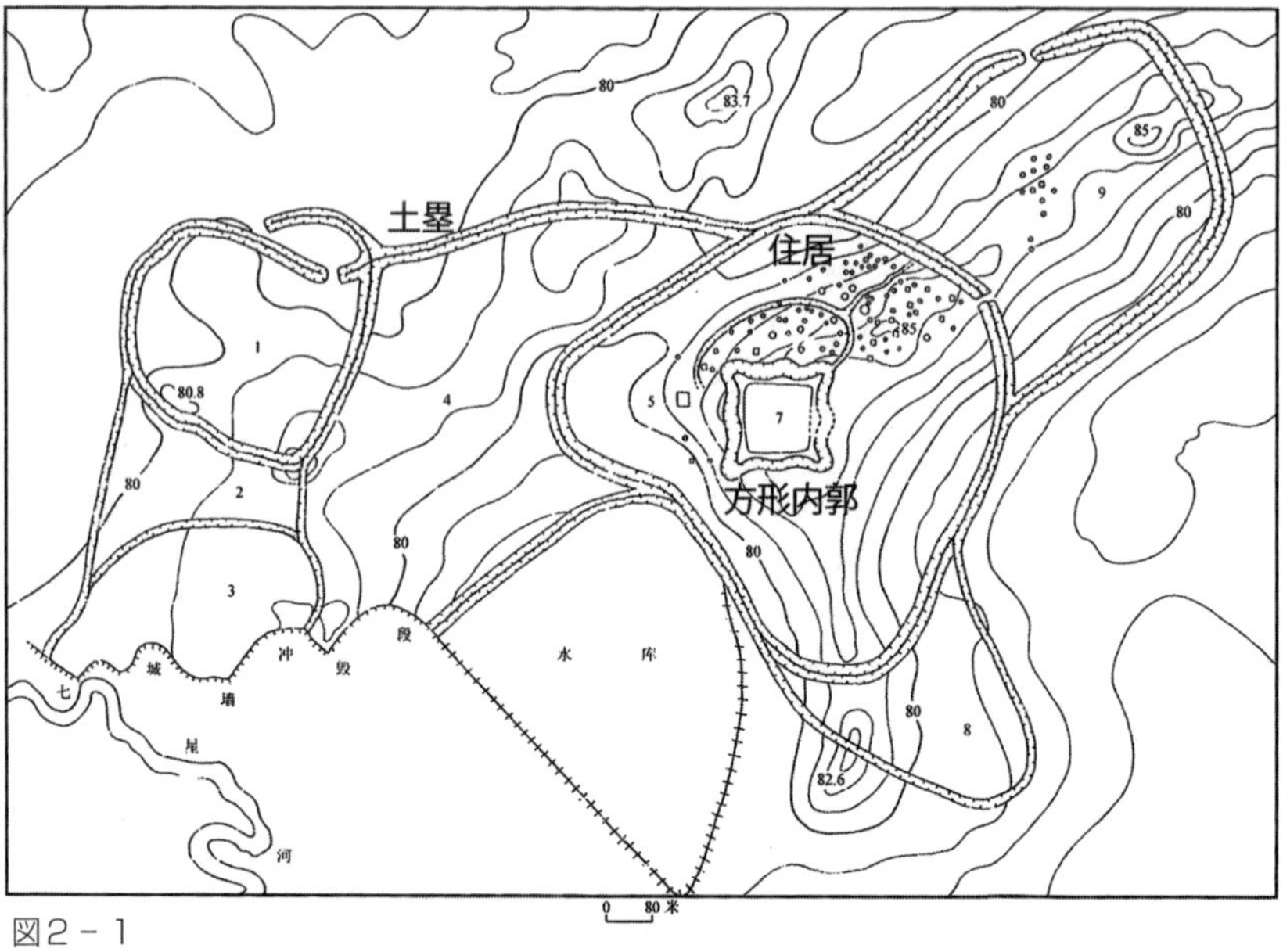

図2－1

図2－1　鳳林城址（黒龍江省文物考古研究所編著『七星河　三江平原古代遺址調査与簡測報告』科学出版社、2004年より）

を残したのは、女真族の祖とされる挹婁《ゆうろう》の名で知られた集団と考えられている。考古学的には、ポリツェ文化・滾兎嶺《こんとれい》文化・鳳林文化などの初期鉄器時代の諸文化に属する。なお、遺跡名としては現地で用いられている「城址」という用語を用いているが、いわゆる城郭址という意味で述べているわけではない。以下に、実例をいくつか紹介しよう。

鳳林城址（黒龍江省友誼県成富郷）

三江平原を代表する防御集落址が鳳林城址《ほうりんじょうし》である。この遺跡には、二時期の遺構が確認され、当地の初期鉄器時代文化である滾兎嶺文化から鳳林文化に属するとされている。城址は九区画に分かれ、外周長は六一三〇メートルに達する。周囲を取り巻く城壁は削平のため現状の高さ約〇・六メートルと低い。また、堀が設けられた部分もある。中央部には、周長四九〇メートルの方形土城が存在する。四面の中央には馬面《ばめん》が、四隅には隅楼《すみろう》が設けられている。城壁は高さ約四メートルだが、馬面・角楼部分は高くされている。周囲には堀がめぐる。明確な門址は確認されていない。この方形城址が遺跡の中心であることは間違いない。この方形城址は形状から金代頃の築造とも考えられたが、一九九八〜二〇〇〇年に内部の発掘調査が行われ、初期鉄器時代に築造されたことが確認された。内部からは方形の竪穴《たてあな》住居が三六基、土坑《どこう》四八基、墓址《ぼし》一基が検出されている。中には、長辺が三〇メートル以上の大型住居址も存在し、特殊な用途が考えられている。また、壁際にかまどと煙道を置き暖房施設（炕《かん》）としている例がある。他の地区でも多数の住居址が確認されており、この集落内に多数の住民が暮していたことは間違いない。中心の方形区画は、特定の一族の居住域と考えられ、その中の大型建物は政治的施設として用いられた可能性がある。この遺跡では、夫餘の中心地である第二松花江流域では貴族墓の副葬品とされた青銅製鍑《ふく》が採集されており、威信財として用いられた可能性が高い。当時の社会の複雑化・階層化が進んでいたことを示している。

大脳袋山城址（黒龍江省宝清県七星泡鎮）

三江平原に分布した防御集落の多くは、丘陵上に築造された高地性集落であり、中には山頂に土塁・堀などをめぐらした囲壁集落も存在した。その代表例が大脳袋山《だいのうたいさん》城址である。遺跡は丘陵の西北端に位置する。丘陵の二ヵ所のピークにはさまれた鞍部《あんぶ》に立地し、土塁・堀が周囲をめぐり、内部は土塁で三区に分かれる。各地区は東西方向に並ぶ。全周長は約八〇〇メートル、土塁高はもっとも広い東区で一〜一・五メートル、中央区・西区では三メートル以上となる。西北端と南面の土塁に一ヵ所ずつ門が設けられている。内部には多数の竪穴が分布し、東区で九二基、中央区で二基確認されている。特に、土塁で囲まれた中央区の二基は大型住居であり、特殊な用途の建物と思われる。この集落では、全体を堅固な防御施設が囲んでおり、防御を意識していることは確かである。

以上の例のように、後世の靺鞨《まつかつ》・女真につながっていくと考えられる集団の中ですでに紀元前後に城郭の起源となるような防御的施設が出現していた。しかも、平地と高地の双方にこのような集落が営まれ、女真城郭に見られるように何らかの機能分化は存在したのであろう。特に鳳林城址のように、公的施設と考えられる大型建物群が出現したことは、

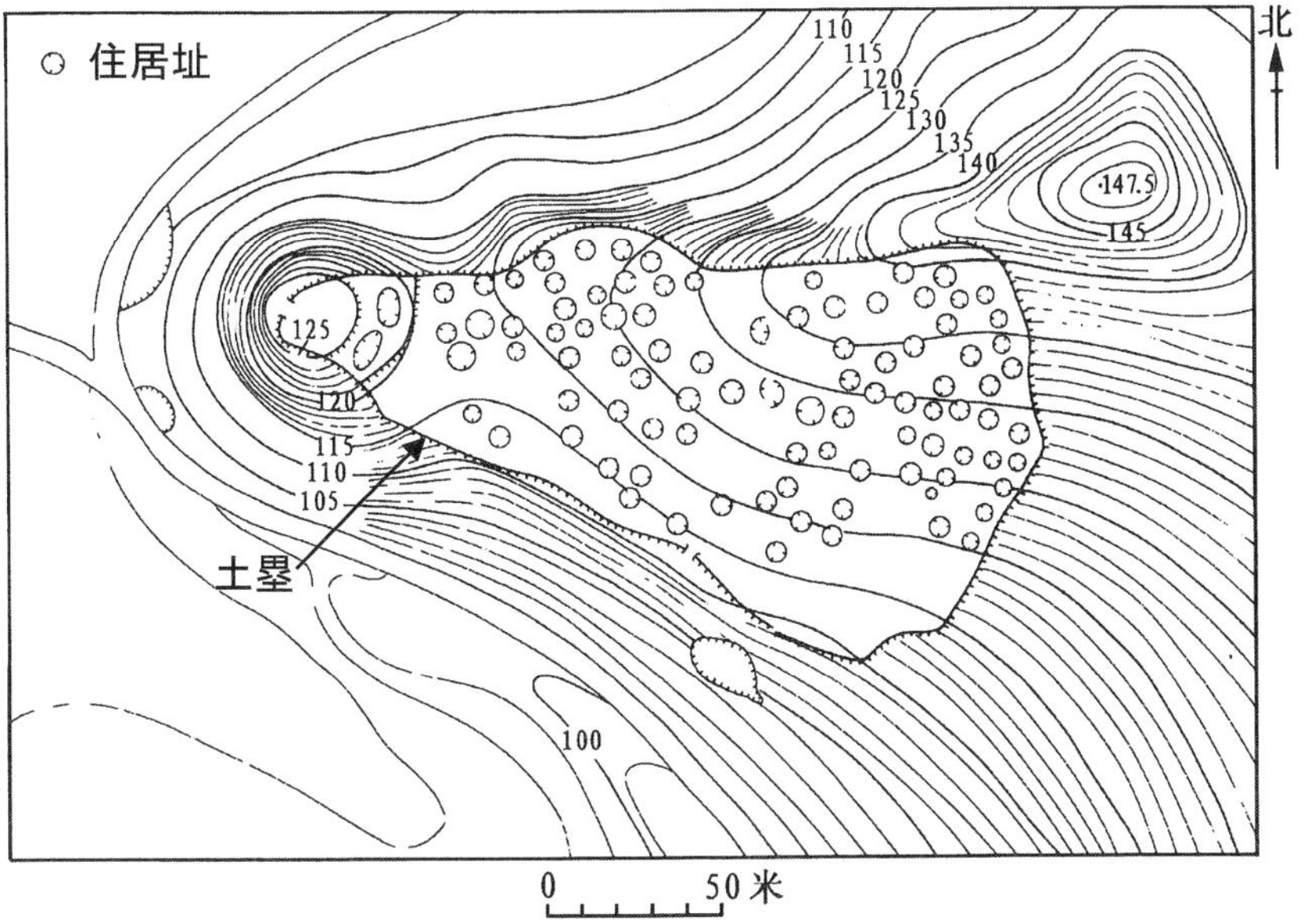

図2－2

図２－２　大脳袋山城址（黒龍江省文物考古研究所編著
『七星河　三江平原古代遺址調査与簡測報告』
科学出版社、2004 年より）

社会の複雑化が進行していたことを物語る。また、この時期の高地性集落は、丘陵頂部に立地する、後世の女真城郭では鉢巻《はちまき》式とされるものに近く、山上立地の志向がこの段階に生じていたことは明らかである。同時期の高地性集落は、ロシア沿海地方にも存在し、やはり丘陵頂部に立地するものが多い。三江平原とロシア極東には六世紀には確実に靺鞨系文化が分布するようになり、初期鉄器時代とされる三江平原の鳳林文化・アムール川北岸・沿海地方のポリツェ文化の双方が靺鞨系文化へと変化すると考えられるが、その直前に防御的な集落が集中的に現れたことは、靺鞨系文化の成立期に社会間の緊張関係が生じたことを示している。

2　靺鞨・渤海の城郭

紀元五世紀頃に史書に名称が現れる勿吉《もっきつ》・靺鞨については、考古学的にも対応する文化の存在が知られている。その文化の前身は、初期鉄器時代のポリツェ文化・鳳林文化に求めることが可能であり、前代に防御性集落を築造した人々の後裔が「靺鞨」と呼ばれた集団になったと考えられる。しかし、靺鞨時代に入ると三江平原や沿海地方では防御施設を持つ集落の築造は行われなくなる。史書の中では靺鞨は好戦的な集団とされているが、軍事施設の建造は逆に下火となっていたらしい。靺鞨七部といわれたような地域集団の再編成後は、それぞれの領域内での争乱状態は下火となり、各部間の対立もさほどはなかったということであろうか。ただし、南部の靺鞨集団は、領域を接する高句麗《こうくり》と対立関係にあり、高句麗との間でたびたび戦闘が行われた。しかし、やがて高句麗に臣属することになった。本来南部靺鞨の領域であった第二松花江流域に、高句麗城郭である龍潭山城《りゅうたんさんじょう》が築城されたのは、靺鞨の臣属後であろう。靺鞨の居住地域に、城郭の築造が始まるのは靺鞨族の一部が建国に関与した渤海《ぼっかい》王国が建国されて以降となる。

すでに述べたように、渤海国は、靺鞨人を中心に高句麗遺民なども加わり建てられた国である。しかし、建国後しばらくして渤海は、周囲の靺鞨の居住地もその領域に含めるためにさかんに軍事行動を起こすことになった。渤海国の北東に居住していた黒水靺鞨は、渤海の進行に備えるため唐との関係を強め、黒水靺鞨の地に黒水府が設置されることとなる。しかし、渤海の侵攻は止まず、北方の靺鞨諸部は九世紀までの間に、渤海に組み入れられるようになったと考えられている。また、内政面では、唐の制度を取り入れ、第三代国王大欽茂《だいきんも》の時代には府州県を全国に設置し、府には首都と副都の五京を置いた。この軍事・内政両面の必要性から、靺鞨・渤海の地に城郭の建設が行われた。

渤海の城址は、その規模を基に分類が行われ、それぞれを府・州・県などの行政単位や軍事的な要塞にあてる説も示されている。多くの渤海城址がその後に再利用されており、渤海時代の正確な規模や特徴を判別するのが困難であるため、このような比定には確実性が乏しいという難点があるが、おそらくこのような対応は存在しただろう。以下に、渤海時代の城郭を事例を紹介し、その特徴をまとめてみよう。

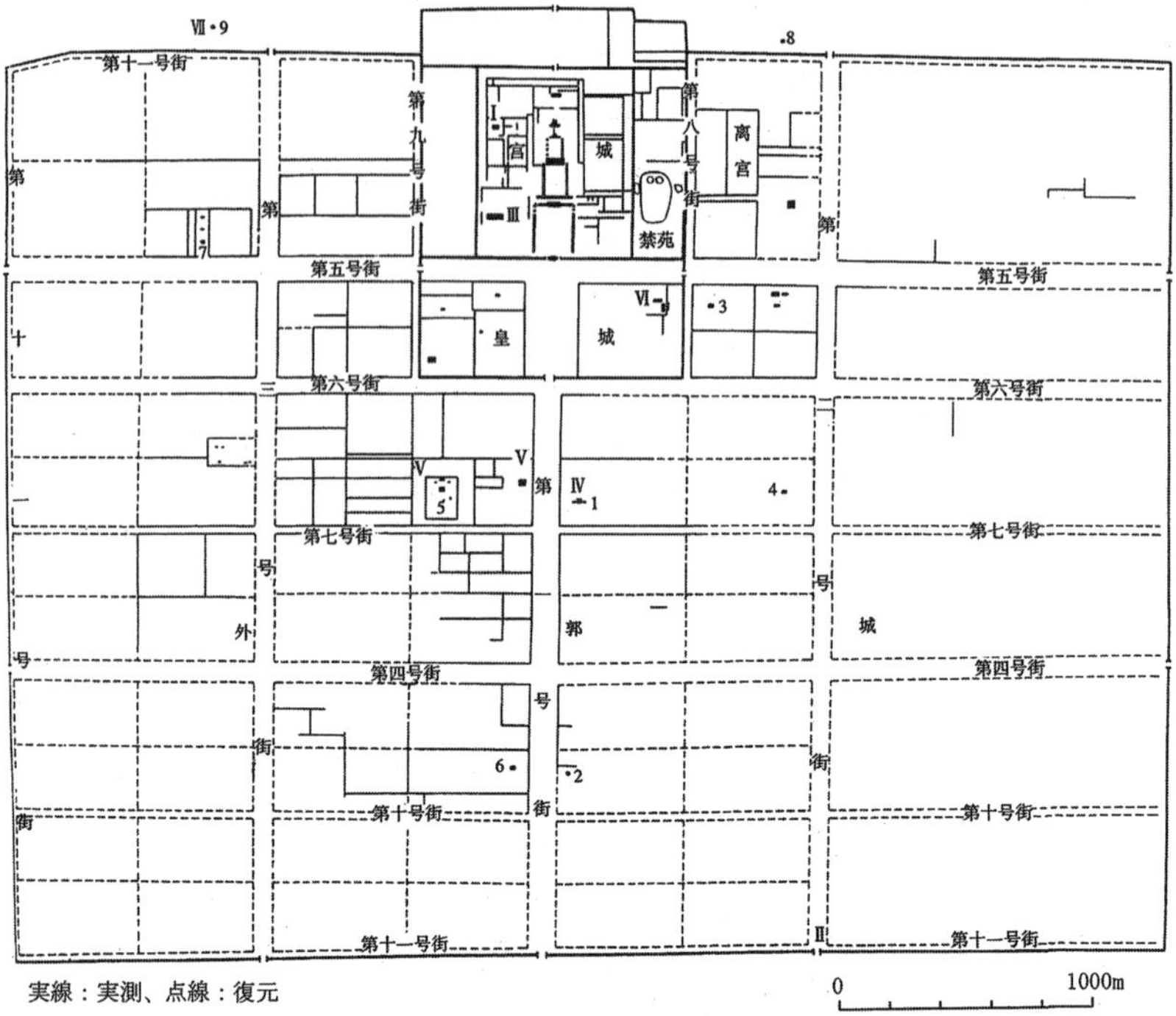

図2－3

図２－３　渤海上京龍泉府（中国社会科学院考古研究所編著『六頂山与渤海鎮』中国大百科全書出版社、1997年より）

上京龍泉府址

渤海の城郭として、もっとも目を引くのは、都である五京の城郭である。中でも七五六年頃に首都とされた上京龍泉府《じょうきょうりゅうせんふ》は、その遺構がよく保存され、渤海を代表する都城遺跡である。この都城址の調査は、戦前に日本人により開始され、戦後にも中国と北朝鮮の合同調査が行われた。近年中国の黒龍江省《こくりゅうこうしょう》文物考古研究所により、再調査を含む大規模な調査が実施され、詳しい情報が明らかになった。

都城は、牡丹江《ぼたんこう》沿岸の平坦な台地上に立地し、周囲には、周長一万六三一三メートル、現存高約二〜三メートルの城壁がめぐり、東西長約四九五〇メートル、南北長約三四〇〇メートルを測る。城壁は、玄武岩《げんぶがん》の礫石《れきせき》を積み構築されている。長方形の中央が突出した平面プランを持つ。城壁には一〇ヵ所に門が設けられる。突出部は宮城部分にあたる。内部は、南北方向七本、東西方向四本の大路によって、長方形の区画が分けられている。唐長安城《ちょうあんじょう》や日本の平城京《へいじょうきょう》と同様な碁盤の目状の設計が行われていた。宮殿・官衙《かんが》地区である宮城・皇城が北端中央に置かれている点も共通している。また、城内にはいくつかの寺院址も確認されている。律令制《りつりょうせい》の導入に伴い、政治・宗教の中心として建設された都市であり、外部に城壁をめぐらす点では中国の城郭都市の思想を受け継いだものといえる。

なお、他の五京のうち西古城（中京顕徳府《ちゅうきょうけんとくふ》址）と八連城（東京龍源府《とうきょうりゅうげんふ》址）では、宮城・皇城部分にあたる部分が確認されているが、上京のような大規模な市街地部分は確認されていない。ただし、西古城では、城外に寺院址などが確認されており、周辺に居住地

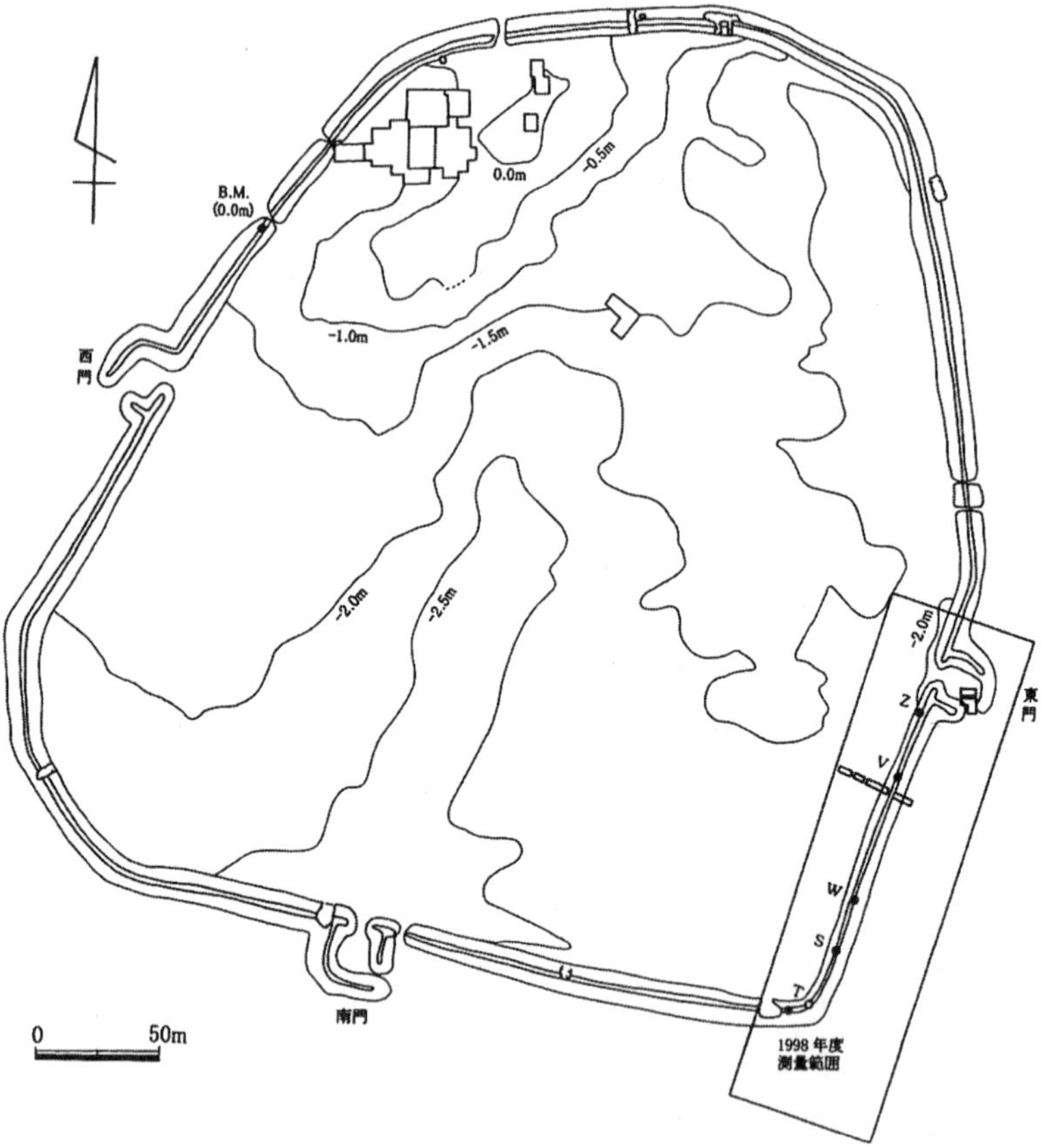

図2－4

図２－４　クラスキノ城址（田村晃一『クラスキノ（ロシア・クラスキノ村における一古城跡の発掘調査』渤海文化研究中心、2011 年より）

や城外施設が設置されていたものと思われる。

クラスキノ城址

上京龍泉府のような城郭都市の建設は、地方統治の中心となる州・県においても行われた。中国領内においては、いくつかの遺跡が渤海の州・県城址と考えられている。ただし、その多くが時代決定の根拠を欠いており、後の金代に時代が下るものや、少なくともそれまで使用が継続されたものが多い。そのため、特徴についても渤海期のものとできる確証に欠けている。その中で、ロシア沿海地方最南部、中国・北朝鮮国境に近いハサン地区のエクスペディツィヤ湾の沿岸部に存在するクラスキノ城址は、ほぼ渤海期のみ存続したことが明らかな城址である。

遺跡は、沿岸の低段丘面上に立地し、周長約一三八〇メートルの不整形の城壁がめぐり、面積は約一二・六万平方メートルに達する。門は城壁の東・西・南面の三ヵ所に設けられている。青山学院大学とロシア科学アカデミー極東支部歴史考古民族研究所の共同調査により、門と城壁の詳細が明らかになった。門の部分は、外側に補助的な城壁が取り付く甕《おう》城《じょう》（外枡形《そとますがた》）となっている。城壁は何層もの土を固めて積み上げた（版築《はんちく》）後、外面に石を積んで構築しており、さらに馬面を持つことも明らかにされている。この甕城・馬面は五京関連遺跡などの渤海城址では他に確認されていない。ただし、城壁築造当初にはこのような施設は設けられず、後に追加されたものであることが判明している。しかし、甕城については、城壁築造後さほど時間をおかずに設けられた可能性も指摘されている。

城址内部では、南門から北に延びる道路が確認されており、おそらく東門と西門を結ぶ直線道路も存在したことが予想される。城内には基壇《きだん》状の高まりが何ヵ所か見られるので、政庁となる中心区画も存在したであろう。また、北西部は歴史考古民族研究所により発掘調査が継続されており、寺院の存在が確認され、瓦窯《がよう》も発見されている。

クラスキノ城址は、渤海国の東京龍源府管轄下に置かれた塩州《えんしゅう》治址にあたると考えられており、存続時期もほぼ渤海期のみであり、かつ調査が継続されているため、渤海の州城の特徴を明らかにできる重要な城址である。今後の調査がその内容をより詳しく解明していくであろう。

シェリニコヴォ1山城址

山城についても、渤海期のものと確証を持てる遺跡は少ない。従来、渤海期とされた山城の多くが、後の金代以降の築造か、あるいは金代まで使用が続けられたことが明らかにされている。シェリニコヴォ1山城は、青山学院大学とロシア科学アカデミー極東支部歴史考古民族研究所の発掘調査の結果、その中で明らかに渤海時代であることが判明している遺跡である。遺跡は、沿海地方南部、スイフン川に面した急峻な丘陵の頂上に位置する。山城の北側は切り立った断崖であり、南西部に頂上部を囲むように城壁が築かれる。城壁は、平石を小口積《こぐちづみ》にして礫《れき》混じりの土を裏込《うらご》めした石塁《せきるい》である。また、石塁の下部に前身の土塁が存在したことも確認されている。城壁の上部には柵がめぐらされていたらしい。城門は、石塁の端部をくい違わせて、通路を屈曲させる「食い違い虎口《こぐち》」の形状をとっている。内部の施設については判明していない。しかし、後に見られるように、谷を囲むような配置や、斜面にヒナ段状に平坦面を作り出すような造作は見られない。また、下部の土塁からは靺鞨文化の前期段階の土器が出土し、その上を焼土《しょうど》・灰層《はいそう》が覆うことが確認されており、火災により焼失した靺鞨文化前期の段階の防御集落を利用して築造されたこと、火災が渤海と地域の靺鞨族の衝突により生じたことが推測されている。

以上の三例からみたように、渤海の城郭には平地に立地する平城と、丘陵頂部に立地する山城がある。平城は、方形ないしは方形を意識した形で城壁をめぐらし、内部には道路

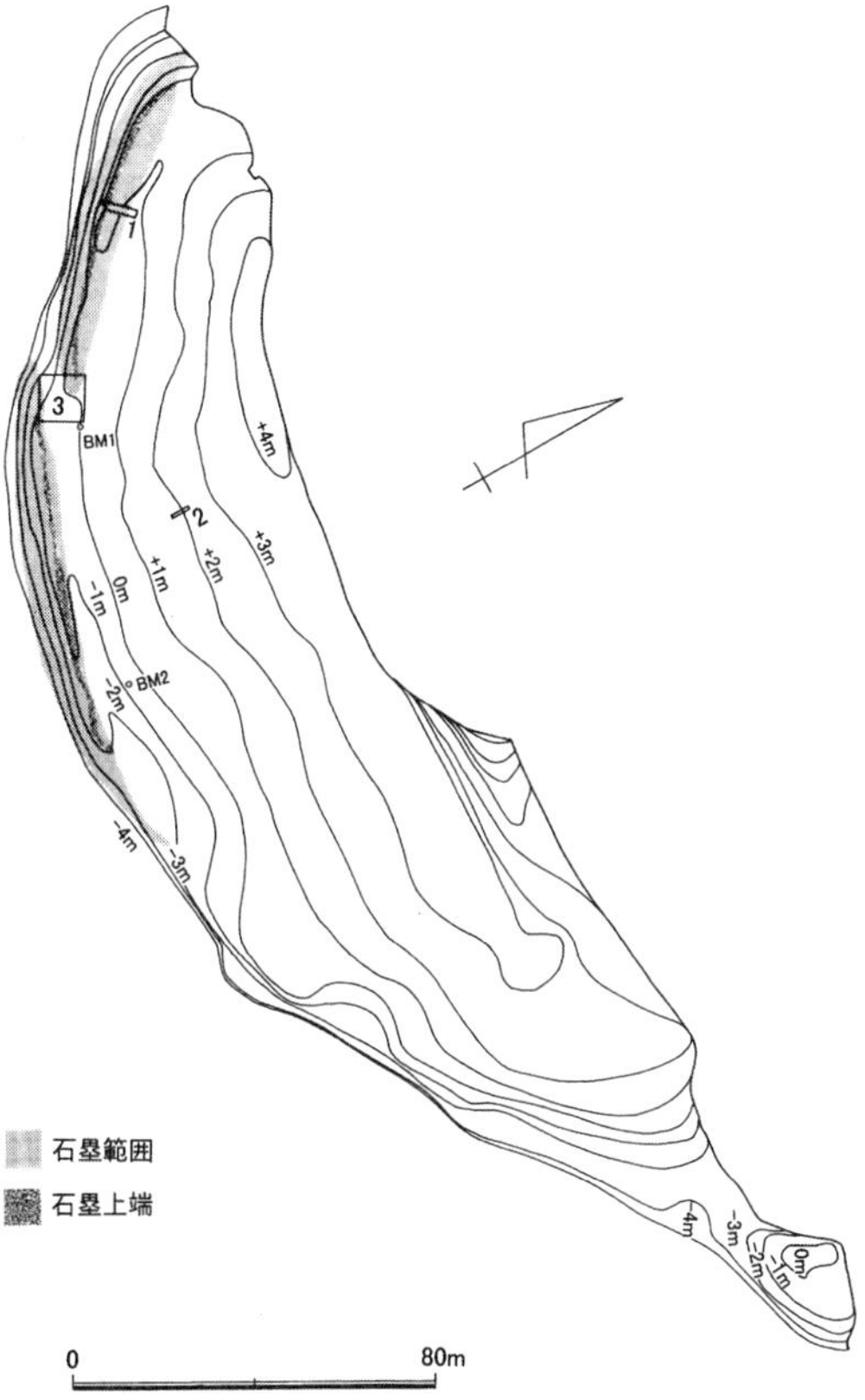

図2－5

図2－5　シェリニコヴォ1山城址（田村晃一他「ロシア沿海地方における渤海時代遺跡の調査」『青山史学』第16号、1998年より）

を利用した区画を設け、施設や居住区を配置する。都城や府・州・県城など統治の中心地として設けられた都市としての要素が強いものである。律令制とともに、中国的な城郭都市建設も導入されたのであろう。一方、山城は、明確に渤海時代とされる例はすべて丘陵頂部に石塁をめぐらす鉢巻式である。シェリニコヴォ1山城址の例をみる限りでは、靺鞨時代の防御集落の伝統を引いている可能性もあろう。渤海建国後に、渤海に組み込まれていない北部・東部の靺鞨集団たちは、渤海の北進政策に対抗し、両者の緊張関係が作り出されることになった。渤海の平城は渤海の統治範囲を具体的に示すものと考えられ、それを参考にすると渤海の直轄地の領域は、ロシア側では沿海地方南部に限られていたと考えられ、中国領でも上京龍泉府の置かれた牡丹江流域までに限られ、そこより北には及んでいなかったようである。

靺鞨の防御集落

一方、北部の靺鞨集団の間でも、渤海の侵攻に対応するために、防御集落の建設が行われたものと思われる。そのため、渤海建国以前の靺鞨の防御集落については、シェリニコヴォ1山城址で部分的に知られた以外ではほとんど情報がないのだが、渤海国建国以後の靺鞨集団の防御集落は、沿海地方北部でいくつか知られている。

沿海地方北部の日本海沿岸部には、靺鞨の防御集落と考えられる遺跡がいくつか知られている。いずれも舌状に延びる台地や丘陵の先端部を土塁や堀で区画する形態をとり、北海道のアイヌ文化の丘端型チャシに近い。また、ウスリー川支流のイマン川流域に位置するロシーナ4遺跡や、イマン川流域のムジーザ遺跡でも同様に土塁と堀が設けられた集落が確認されている。これらの沿海地方北部の靺鞨期の防御集落は、詳細な発掘例が少ないため、残念ながら内部の様子はよく知られていないが、おそらく竪穴住居址が複数存在したのであろう。採集資料から八～九世紀頃に建設されたと考えられ、渤海の北進への対応と考えられる。この地域には、先に述べたような渤海の城郭は建設されておらず、北部靺鞨の服属後にも渤海が直接統治できなかった地域と考えられる。

3 金代直前の城郭

渤海滅亡後から金の出現までの約二〇〇年間の日本海対岸地域の様子は、考古学的な情報が少なく詳しく判明していない。文献資料には契丹の侵攻、高麗との軍事衝突、そして女真族の地域集団の抗争などの多くの軍事行動があったことが記されているが、それを具体的に示す遺跡の存在がはっきりとは知られていない。しかし、最近この時期にあたると見られる城郭が少数ながら明らかになっている。その中で、代表的な二例を紹介しよう。

コクシャロフカ1城址

ロシア沿海地方の中央部、ウスリー川の支流である小河川コクシャロフカ川左岸の微高地に位置する平城である。現況は草木が群生し、一部畑地として利用されている。南側土塁の一部が道路で破壊されている他は、遺存状況は良好である。城址全体の形状は南北に長い不整の多角形を呈し、南面、東面は河川の沼沢地にあたる。周長は約一六四五メート

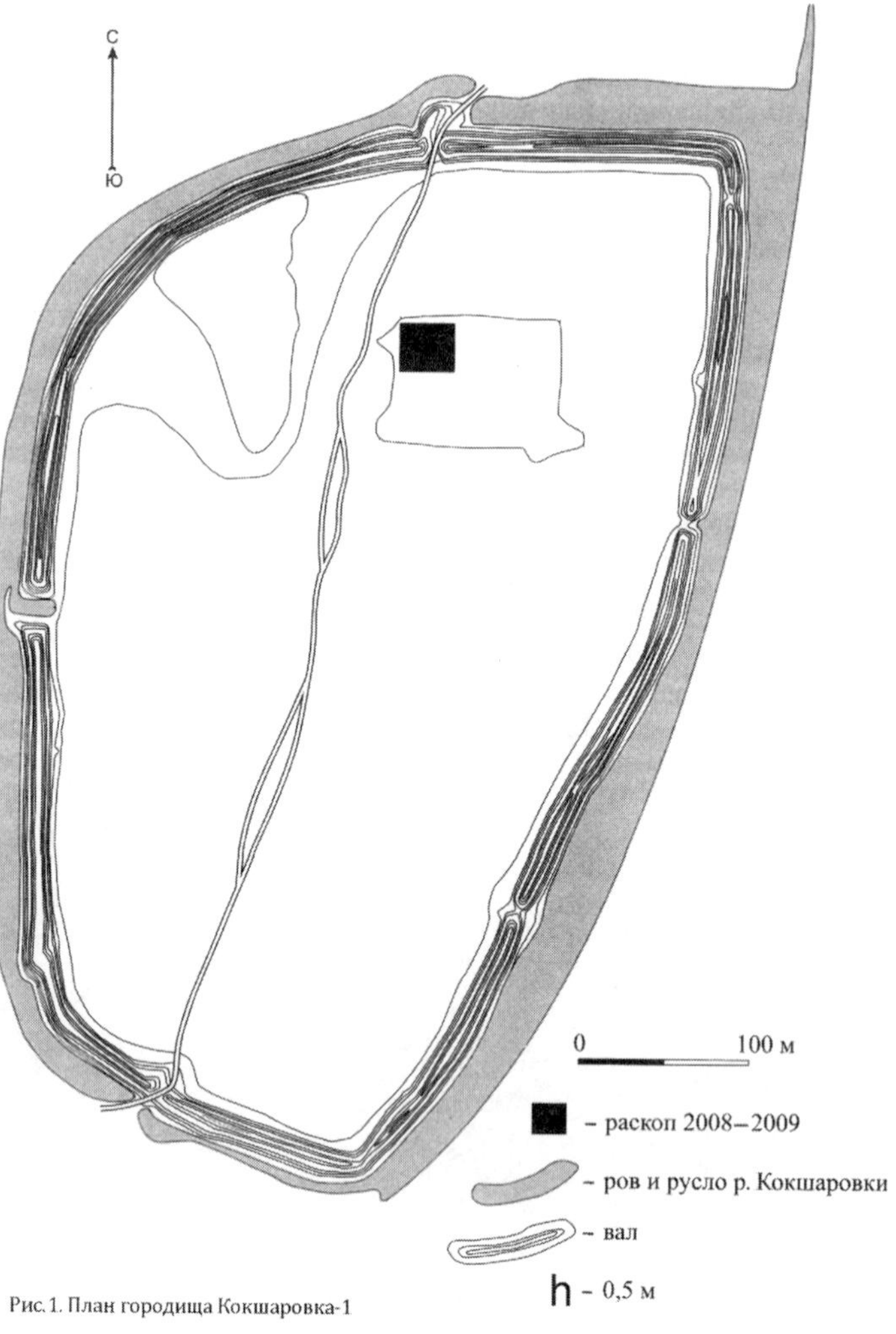

図2－6

図２－６　コクシャロフカ１城址（Клюев, Н.А, С.С.Малков, М.А.Якупов 2011, Резулитаты исследвания городища Кокшаровка-1 в Приморье в 2008-2009 гг, Рис 1,"Дальний Восток Росий в древньсти　и средлевековье"）

ル。城壁上には礫が散布し、礫と土によって構築されているらしい。土塁の高さは四〜六メートルで、西・北面の土塁が高い。土塁の外には堀がめぐるが、川に接する北東側と東側の一部には見られない。堀はもっとも広いところで幅約一〇メートルである。堀の底面は平らで、断面は箱堀状となっている。また城壁と堀の間には部分的に犬走り状の狭い平坦面が作られている。北面と西面城壁の中央にそれぞれに甕城を持つ。いずれも片方の城壁から鉤手状に土塁が迫り出した形態をとる。西門では、鉤手部分の土塁は城壁より一段低い。南面、東面にも城壁が切れる部分があり、門と考えられる。特に東側の門は前面に川があり水門としての役割も考えられる。南西部には馬面が一ヵ所付設されている。甕城を持つ点では、クラスキノ城址と類似している。

韓国・ロシア共同調査による発掘調査により、コクシャロフカ1城址の中心部分が発掘調査され、その内容が注目されている。発掘は城内北東部分に位置した方形区画で行われた。そして、内部には、基壇上に一〇×一二メートルの部屋を東西に並べた炕付き大型建物が存在したことが確認された。また、建物の規模にもかかわらず、瓦は出土していないので、瓦葺《かわらぶき》建物ではなかった。出土遺物は、土器・金属器である。土器は、ロクロを用いて窯焼きした陶質土器であり、主に壺類が出土した。渤海の土器に多い板状の取っ手が付く壺も出土したが、もっともよく類似しているのは主にアムール川流域に分布したパクロフカ文化の土器である。しかし、金代に見られる土器・陶磁器の類は一切出土していない。

この城郭の年代については、いくつかの見解がある。新聞報道などを参考にすると韓国側では、建物跡を渤海時代と考え、渤海の領域がここまで広がっていたことの根拠としている。しかし、すでに述べたように土器は純粋に渤海土器とするのは難しく、建物にも渤海様式の瓦が葺かれていないので、渤海遺跡と確定はできない。城壁に甕城が設けられる例は、渤海ではクラスキノ城址のみであり、その設置も築造当初ではない。この施設は、契丹の築城術の影響が考えられるので、渤海時代の築造だとしてもその後半以降となるだろう。また、この地域は、渤海国が直接統治していた地域であるかも定かではない。明確な渤海時代の遺跡が確認されておらず、在地の靺鞨集団を名目的に組み込んだ地域である可能性が高く、確実に渤海の城郭とする根拠は薄い。

一方、土器が類似するパクロフカ文化は、渤海と対立していた北部靺鞨集団らが製作した土器と考えられ、それが沿海地方中央付近まで南下するのは、渤海滅亡以後である可能性が高い。なお、この城址ではかつての発掘調査で、元代に下る可能性のある瓦片も出土している。さらに下って明代とする見解もあり、いずれにしても後代に再利用された可能性がある。渤海滅亡後に築城され、その後も利用されたものと考えておく。

アウロフカ城址

沿海地方中央部のアヌチノ地区に位置し、河川沿いの丘陵尾根上に立地する鉢巻式の山城である。城壁は高さ約三メートルの石塁で、周長は約一五〇〇メートル。門は三ヵ所にあり、城壁を屈曲させることで横矢《よこや》を可能にしているが、甕城は持たない。内部には尾根上に規則的に住居址が並ぶ。石塁や鉢巻式は渤海山城の特徴といえる。発掘調査により炕

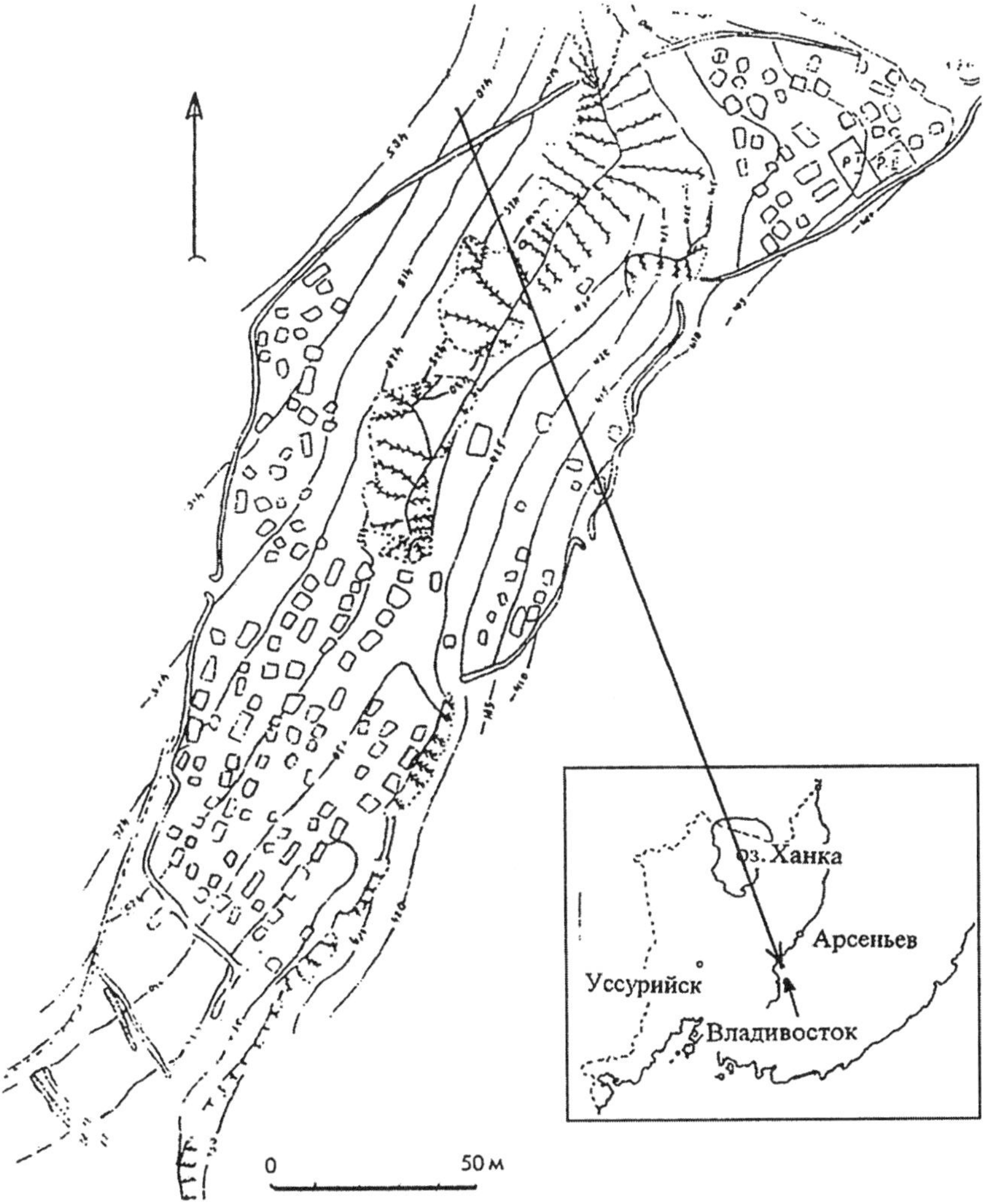

図2－7

図２－７　アウロフカ城址（Шавкунов. В. Е、Е. И. Гелман 2002 Многмслойный памятник Ауровткое голодише, Рис 1, "Труды института историй археологии этнографии народив Дальнего Востока ДВО РАН" том XI）

を持つ住居址が検出された。出土した土器は渤海時代後期の土器に類似し、北宋銭《ほくそうせん》も出土したことから、契丹時代併行期に年代付けられている。

以上の二例は、所在地が渤海の直接統治領域外と考えられるので、その点からも渤海時代の築造となる可能性は低い。しかし、契丹城郭の特徴も一部見られるものの、平地城も山城も形態的には渤海時代の特徴を引き継いでいるようである。なお、この他に、平地城であるスモルニンスコエ城址も、この時期の築造と推定されている。スモルニンスコエ城址は、城壁に馬面や甕城を持たず、渤海と金の間の時期にあたると推定されている叩き目土器が出土している点から、金代以前と推定された。

しかし、この時期の沿海地方の地域集団については、まだ確認された遺跡数が少なく不明な部分が多い。渤海人や旧靺鞨集団が女真集団へと変化したことは間違いないと思われるが、この時期の土器を検討すると、パクロフカ文化の南下や、ニコラエフカ文化と仮称される新たな文化の存在が想定され、地域集団の構成が渤海期と変化した可能性がある。ただし、残念ながら考古学的にもこの時期の資料は不足している。文献資料についても、『金史』世紀に金建国直前の様子が記されている程度であり、この時期の状況に関する情報が少なく背景が明らかではない。しかし、近年の考古資料の見直しなどから、金代城郭の発掘の際に、下層で出土した資料中にこの時期のものが存在することが明らかになってきた。地域集団の様相や、彼らがどのような集落・城郭をかまえていたのかを明らかにするためには、この時期の集落・城郭遺跡の確認と、確かな年代決定を可能にする詳細な調査が必要である。

コラム2 日本で見る日本海対岸の城郭

本書で紹介してきたような日本海対岸の城郭を見るためには、当然現地に出かけなくてはいけないわけだが、最近では少し様子を見るだけなら、自宅や研究室、あるいは道を歩きながらでも、かいま見ることが不可能ではなくなった。このようなありがたい状況を可能にしてくれたのが、Google Earth である。もちろんご存知の方が多いと思うが、Google 社が提供するアプリケーションであり、これを用いると全世界の衛星写真を見ることができる。最近はパソコンだけではなく、タブレット端末やスマートフォン上で用いることも可能になったので、その気になればどこでも見ることができる。

奈良女子大学にいらした地理学の相馬秀廣先生から、衛星写真が遺跡の探索に有効であることを教えていただいたのは、一九九八年頃であった。ご自分のシルクロードでの研究成果と、具体的な方法を丁寧に教えて下さり、その応用の可能性について考えさせられた。当時（現在でもその傾向はあるが）、衛星写真は高額なものが多く、なかなか入手することができなかったが、アメリカが撮影した古い衛星画像（CORONA衛星画像）を安価に購入できることを教えていただいた。この画像はフィルムの形で購入でき、比較的解像度が高い。かつ一九七〇年以前の土地開発前の古い地形を観察することができ、遺跡・地形の確認や形状を知るのに有効であった。ただし、白黒フィルムで色情報はなかった。かつ、フィルムスキャナーで画像を取り込む必要があり、当時はスキャナー自体も高価だったので、それなりの経費と労力はかかった。それでも、画像を拡大してディスプレイ上で見ながら、遺跡に関する情報を得ることができ有意義であった。また、この画像は、立体視ができるように撮影されており、二枚の画像を用いて地形を立体的に観察することもできることも教えていただいた。後日、モンゴルで先生と調査をご一緒する機会に恵まれたが、おそらくすでに衛星画像等で観察していた地形を現地で綿密に確認される研究姿勢に、身が引き締まる思いがした。残念ながら、相馬先生は二〇一二年に急逝してしまわれたが、衛星画像の重要性と具体的な方法をご教示いただいたことに、あらためて感謝申し上げるとともに、ご冥福をお祈りしたい。

現在では、Google Earthを用いると、スキャニングなどの手間を経ずに、カラーの画像を即座に見ることができる。画像は使用される衛星写真の解像度に応じて精細度も変わるが、継続的に更新されており、多くの場所で高精細画像を見ることができるようになった。二〇〇五年に配信が始まった頃は、都市部などを除くとまだ解像度が高くない画像が多かったが、ここ三年ほどは精細画像が増え、多くの遺跡や城郭址を確認できるようになった。最近では、海外調査に現地入りする前に必ず遺跡の画像を確認しておくようにしている。

衛星画像で、城郭を確認する場合、平城で比較的依存状況が良いものは、簡単に確認することができる。しかし、山城は、森林の中に在るものなどはなかなか確認が難しい。位置が分かっているか、全体測量図などがあれば認識できるが、画像から新たに遺跡を探し出すのは、相当に困難である。しかし、ある程度の位置が分かれば探し出すことは不可能ではない。Google Earthの場合は、カラー画像であるのも確認に役立っている。中国では一部の省に関して遺跡地図が刊行されており、そこからおおよその遺跡位置を推定し、存在を確認することができる。こうして、すでに刊行済みの吉林《きつりん》省、遼寧《りょうねい》省、内蒙古自治区の地図から、城郭遺跡の確認を行なってきた。最近は、報告書や論文などに遺跡の位置を示す緯度・経度が記載されている場合もあるので、そこから確認することも可能である。もっともCORONA衛星画像の頃と比べると、中国やロシア領内では開発が進み、かなり土地の改変が進んできたことも確認できる。この点では、旧地形が残されているCORONA衛星画像の資料的価値もまだ失われてはいない。

しかし、Google Earth のよいところは何と言ってもその手軽さであり、画像は研究資料として十分なほど質的に優れている。驚くことに発掘調査中の城郭では、発掘調査区まで見ることができる場合がある。計測機能もあるので、大きさを測ることも可能であるし、地上の画像が見られるところも多い。日本海対岸地域の城郭遺跡の多くは交通が極めて不便なところにあるので、なかなか現地に行くことが難しい城郭は、これによっていろいろと情報を得ることができてしまう。よほど特別な利用を考えなければ、あえて高額な衛星画像を購入する必要を考えなくなってしまうほどである。本書で紹介した城址の多くには緯度・経度で位置を表示した。読者の方々にも、ぜひ紹介した城郭をのぞいてみていただきたい。

III 金・東夏代の女真城郭

ここでは、日本海の対岸において、築城活動がもっとも活発化した金・東夏時代の城郭を紹介していく。なお、金・東夏時代の後、この地での城郭建設は急速に下火になる。金・東夏時代の女真人《じょしん》たちをめぐる特殊な状況が、築城の大きな要因となったと考えられる。ここに、金・東夏の城郭を独立して取り上げる意味がある。

なお、防御施設をもつ空間としての城郭の意味合いは、女真社会と日本との間に違いがある。そして、個々の城郭は路・州・県・猛安《もうあん》・謀克《ぼうこく》等に代表される金・東夏の行政単位、さらにそれの母体となった女真の地域集団と密接な結び付きがある。また、城郭施設等に関する用語は、日本の城郭と異なっている。城郭概念の違いに加え、具体的な構造・施設等においても、日本の城郭には見られない特徴が見られる。そこで、個々の城郭を説明する前に、城郭に関する概念、文献資料における女真の城郭、そして考古学的にとらえられる設計・構造・施設などの特徴を述べて、女真城郭の概要を解説しておこう。その後に個々の城郭を取り上げて、具体的に女真城郭の実態を解説していきたい。

1　女真城郭の概要・特徴

城郭の概念

日本では、城郭という言葉から誰もがまずイメージするのは、姫路城《ひめじじょう》のような石垣や堀で囲われ天守閣《てんしゅかく》を持つ近世城郭であろう。中世城郭の愛好家なら山中に土塁《どるい》や堀を複雑に配置して曲輪《くるわ》を防御する山城を思いうかべるかもしれない。女真の城郭を日本の城郭と比較すると、当然、軍事・政治的役割を持つ城郭としての共通する特徴を持ち合わせているが、一方で独自の特徴も存在している。

まず日本の城郭とのもっとも重要な差は、「城」という言葉で表現されるものの内容である。日本においては、「城」の最初の形は、武士の居館から始まった。その後、政庁・領主の屋敷を内部にもつ方形館《ほうけいやかた》の外側に、市街地としての城下が形成されるようになる。また、南北朝期には軍事施設としての山城が出現し、その後居館と山城がセットになり、さらに戦国期に山城が領主の居住する場となっていく。一方、中国では「城」とは、市街地をも含めた城壁で囲まれた空間を指し、都市全体を指すものであった。そのために「城市」という言葉も用いられる。日本でいうところの、城下全体を土塁で囲んだ惣構《そうがま》えに近いものとも言える。現在の中国では、古くからの都市でも、市街地開発に伴い城壁が撤去されてしまったものがほとんどだが、西安《せいあん》市や世界遺産の山西省《さんせい》平遥《へいよう》古城では四方を囲む城壁が残されており、近代以前の城市の様子をしのぶことができる。中国の統治制度を導入した周辺地域の多くも同様な考え方に基づいて都市・城郭建設を行なっていた。女真人たちに先行した渤海《ぼっかい》も同様であり、上京龍泉府に代表される五京のような大型都市以外に、地方の中心地においても、州城などの城郭都市を建設していた。

女真集団もまたこのような思想を基に、城郭都市を建設した。これは、契丹《きったん》国との戦争後、契丹の統治・軍事の拠点であった城郭都市を版図に組み入れる中で導入されていったのであろう。また、金の城郭の中には、契丹や北宋《ほくそう》が建設した城郭を引き継いで使用したものも多く含まれているので、築城法に契丹や北宋の影響が強く見られるのは当然のことである。そのため、中国の城郭都市の概念に基づいて、彼らの城郭には軍事施設や領主・家臣の居所のみならず、都市全体が含まれているのが基本となっている。ただし、小規模な軍事施設として築かれた城郭もあり、その多くは都市の周辺にそれらの防衛拠点として築かれるか、長城のように領土の外縁に連続して築かれた。

また、山城については、防御性が強いことから平城よりも軍事的な色彩が強く、砦や逃げ城というような要素が強いと思われがちであるが、女真城郭の場合は内部に住宅が多数存在し、生活の痕跡を示す遺物も大量に出土している。平城と同様に、内部に居住域をとりこんだ都市ないしは集落としての性格を持っていたことは確かであろう。

文献資料に見る女真の城郭

女真の城郭についての文献資料は多くはない。初期の『金史』世紀や太祖本記《たいそほんぎ》には、生女真間の抗争の中で「城」の表現が現れる。ただしその内容は、単なる軍事施設ではなく都市・集落としての意味も併せもつものであったらしく、包囲により城内の住民が降伏した事例も記されている。阿骨打《あくだ》の父世祖《せいそ》の代に完顔部《わんやんぶ》が豆満江《とまんこう》方面にいた烏古論《うころん》部の留可《りゅうか》を攻撃した際や、阿骨打が契丹との戦争を表明した部分に「城堡」という表現が見える。また特に、後者は対契丹戦の防御のためであり、明らかに軍事施設をさしたものである。また「塞」という表現も見られ、『大金国志』巻二では阿骨打が居住したのは「皇帝塞」とされている。以上の実態がどのようなものであるのかは不明であるが、遼〜金初期の城郭遺跡は女真族の故地の範囲ではほとんど発見されておらず、おそらく大規模に土塁や堀を構築していたものではなかったと思われる。『三朝北盟会編』巻三では、女真人の住宅に関して、山谷に暮らし木を連ねて柵とすることが記されている。集落全体も木柵程度の防御施設しか持たなかったのかもしれない。『大金国志』に、女真は当初城郭を持たなかったとされているのは、このような実態を反映しているのであろう。

このような実態が変化するのは、契丹の領土を侵食し自領に組み入れていく中で起こったらしい。契丹は、すでに中国的な城郭都市を多数築造し、それらを行政・軍事の拠点としていた。契丹との戦争が開始されると、金軍はそれらの城郭都市を次々と占領し、自領に組み込んでいった。その過程で、城郭に関する情報を蓄積していったのであろう。そして、一一二四年（天会二）に、会寧州《かいねい》に都城の建設が始まり、さらにそれらが上京会寧《じょうきょうかいねい》府《ふ》に改められた。上京会寧府址は阿城《あじょう》市に現存しており、全体を城壁で囲む城郭都市であり、契丹の城郭都市に見られる特徴がそのまま取り入れられている。この時に、女真人の土地にこのような城郭都市の建設が開始されたことになる。日本海対岸地域での城郭都市の存在は、渤海国以来ということになる。『金史』地理志では、上京路内に置かれた萬戸が第四代海陵王《かいりょうおう》のときに下級路になったことが記されている。その後、この下級路にも城郭都市が設置されたのであろう。下級路に属した猛安謀克については、地名がいくつか知られているものの、そこにどのような施設が置かれたかについては史料が少なく、文献から実態を考察するのは難しい。

東夏の城郭も、金の城郭を継承したことは間違いないが、記録は多くない。城郭の記述が現れるのは、モンゴル軍との戦闘時の記録である。『元史《げんし》』石抹阿辛伝に、東夏の拠点の一つであった南京攻撃の記事があり、「城堅如立鉄」とあり、堅固に要塞化された城郭であったことがわかる。ここでの戦闘で、南京が陥落し、皇帝蒲鮮万奴《ほせんばんど》が捕えられ、東夏は滅亡した。なお、東夏の南京は吉林省の城子山《じょうしさん》山城とするのが定説である。

立　地

日本の城郭は、平地に立地する平城と、山地に立地する山城、そして両者の要素を併せ持つ平山城に大別される。女真族の居住した日本海対岸地域は、東北平原・三江《さんこう》平原などの平原地域と、小興安嶺《しょうこうあんれい》やシホテ・アリン山脈・長白《ちょうはく》山系が広がる山岳地域が存在する。そのため、地勢に応じて平城と山城が築城された。両者の中間的な平山城に近いものも見られるが、ここではこの二大別により説明しておこう。

当然、広大な平地が広がる平原地域は平城が主体となり、山岳地域では平城とともに山城が多数建設された。平原地域においても、独立丘陵を利用して山城が建設される場合もあった。立地が異なるものの、両者に共通しているのは、河川に近接して築城されているところにある。平城の場合は河川に近い河岸段丘の平坦面に築城することが多い。山城の場合は、河川に臨む部分が急峻な崖を形成していることが多く、河川側からは内部を展望することができないが、逆に城郭側からは流域を広く眺望できる場合が多い。両者ともに、水路が城のすぐ側まで伸びている例が多く、物資の補給に水運が活用されたものと思われる。

規　模

金・東夏の城郭の規模は、通常城壁を一周した長さである周長で表現されることが多い。特に山城などの場合は、面積を算出することが困難な場合が多いためであろうが、目安として理解しやすいこともあり、ここでもこの基準を用いて解説したい。

平地城で最大の規模を誇るのは、初期の首都とされた上京会寧府である。この城郭は、南北の二つの方形城が鍵手状に結合したもので、南城の東西長がやや長い変則的な形状をしている。南北長約三・三キロ、南城の東西長約二・一キロ、周長は約一一キロを測る。しかし、これは例外的な規模であり、同程度の規模のものが複数存在するのは、一辺が一キロ前後、周長約四キロ以上の規模のものからである。しかし、この規模の城郭の大半は契丹の旧領内か境界周辺に分布しており、女真族の故地である上京路内には、多くはない。上京路内において、ある程度の数が築かれるのは、周長三〜四キロの規模の城郭であるが、この規模のものも上京路内で二〇ヵ所程度と、数は限られる。一辺五〇〇〜七〇〇メートル前後の周長二〜三キロ規模の城郭は広く分布するようになる。また、一辺一〇〇〜二〇〇メートル程度の周長一キロ前後以下のものは、上京会寧府周辺で多数築かれる。一方山城では、ロシア沿海地方クラスノヤロフスコエ城址など、周長五キロを越える特大型のものが少数見られる。しかし、一般的には周長三〜四キロのものも大型の部類にはいり、数が増えてくるものは二キロ前後の規模のものであり、一キロ未満のものも少なくない。

便宜的に城壁の周長で区分して階層化しておこう。平地城は、三キロ以上の特大型、二キロ以上の大型、一キロ以上の中型、一キロ未満の小型城郭に区分する。山城については、周長四キロ以上の特大型、周長三キロ以上の大型、一キロ以上の中型、一キロ未満の小型に区分する。

平城・山城ともに、同一の河川流域内に間隔をおいて分布するのが普通であり、規模の大きなものがその流域の中心的位置を占めているのが普通である。ただし、特大型の城郭は平城・山城ともに、極めて限られた数しかない。また、上京などの中心地からの距離が離れるほど、城郭規模も相対的に小さくなる傾向がある。これは、路・州・県・猛安・謀克などの行政区分に対応しているためと思われる。特大型は最上級の路クラスの治所址に対応するためと考えられ、城郭が地方行政と密接に関連していることを示していよう。治所は、各行政単位の中心地に置かれ、そこには人口も集中していたということであろう。謀克は原則として三〇〇戸から成り、その下には五〇戸ごとに塞使が置かれ、行政事務に当たっていたという。つまり五〇戸程度が通常の村落の規模にあたり、それらを束ねる謀

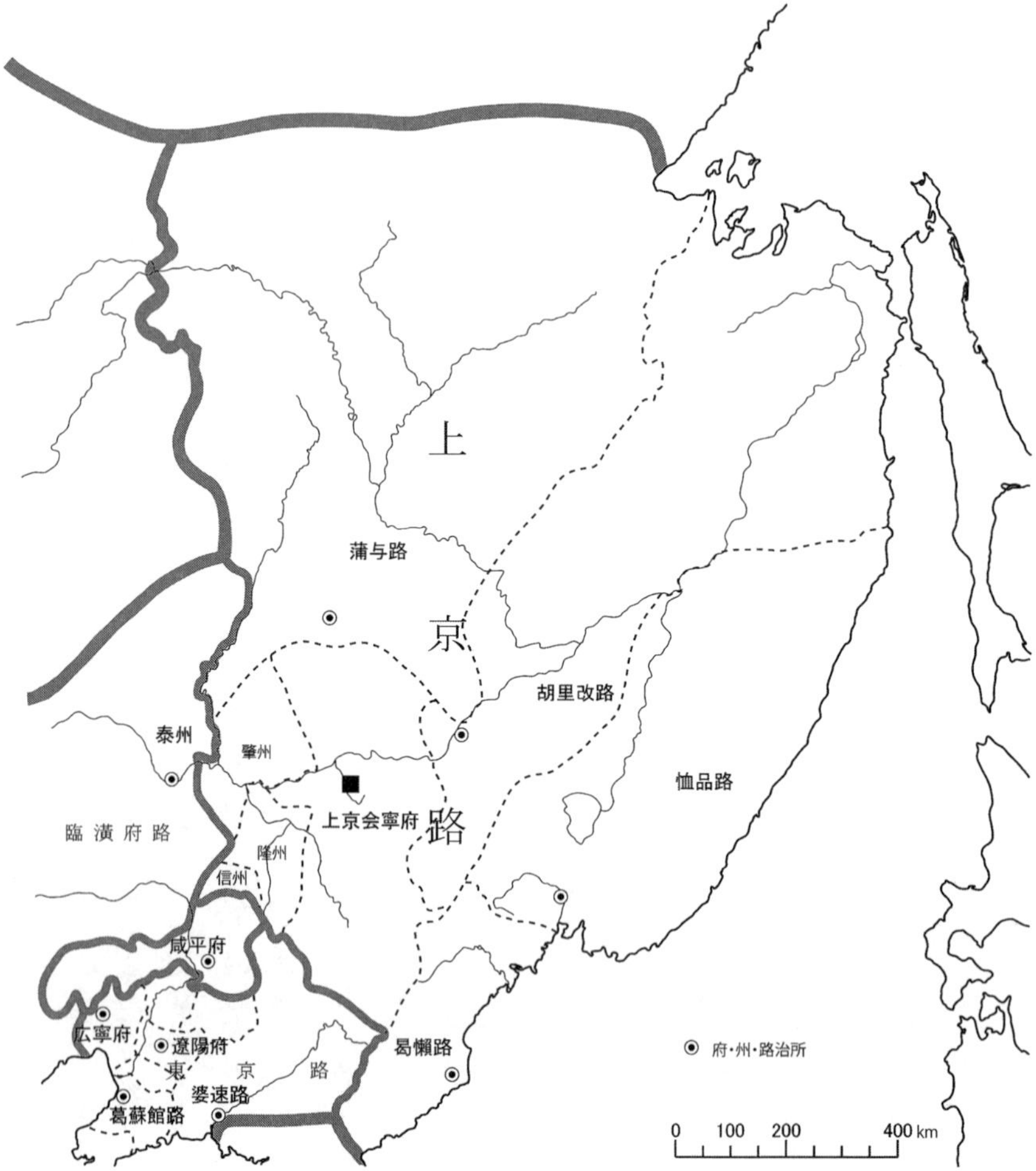

図3－1

図3－1　金代の上京路周辺行政区分

克の治所は、その中ではやや規模の大きい村落に置かれたのであろう。小規模城址は、このクラスの治所址と考えられる。さらに一〇前後の謀克から成る猛安の治所は、中規模以上の城址と考えられる。その代表例と考えられるシャイガ城址では、四〇〇基以上の住居址が確認されており、猛安治所には数千人が集住していたと推定できる。

金の行政単位と分布域

ここでは、女真族が直接建城したもののみを女真城郭としておく。そのため、その範囲は女真族の故地、特に契丹国の直接の支配下にはなかった生女真とその北の領域に限られることとなる。金の建国の主力となった生女真の故地は、初期の首都である上京会寧府《じょうきょうかいねいふ》を中心とする上京路である。上京路内に、会寧府、故里改路・恤品路・曷懶路・蒲與路などの下級路、肇州《ちょうしゅう》・隆《りゅう》州・信《しん》州の三州が置かれた。各州と会寧府は路内の西に位置する。地理的には松花江《しょうかこう》の支流である拉林河《らりんがわ》流域と鴨子河流域以東で、一方、蒲與路は嫩江《のんこう》流域からアムール中流域、故里改路が牡丹江《ぼたんこう》流域から松花江下流域・アムール下流域、恤品路がロシア沿海地方、曷懶路は北朝鮮咸興北道・南道に比定されている。金から独立した東夏の領域は、おおむね故里改路・恤品路・曷懶路の地域にあたると推定されている。以上の領域の中に、多くの女真城郭が遺されているのである。現在の中国黒龍江省と吉林省延辺朝鮮族自治区、ロシアのハバロフスク州・アムール州、沿海地方、北朝鮮咸鏡北《かんきょうほく》道《どう》・咸鏡南道が含まれる地域である。

このうち、ハバロフスク州・アムール州などの北の地域は、本来は生女真以外の五国部などが居住していた地域である。また、松花江の上流域である北流松花江領域以西は、契丹国の直接統治領域にあたる。そのため吉林省・遼寧省内にも多くの金・東夏代の城郭遺跡は遺されているが、最初に契丹国により設置されその後の時代にも継続して使用されたものが多い。なお、熟女真《じゆくじよしん》の分布域である遼東地域（東京路）の東部の山岳地帯では、女真城郭の特色である山城が一部に分布しており、ここも女真城郭の分布域としてとらえることは可能である。

城郭遺跡の把握と分布の傾向

現在、吉林省に約二六〇ヵ所、黒龍江省に一〇〇ヵ所以上、ロシア沿海地方に約五〇ヵ所、ロシアのハバロフスク地方とアムール州に数ヵ所の城郭が確認されている。もっとも、このほとんどが発掘調査されていないので、時代を異にする城郭が若干含まれる可能性はあるが、甕城《おうじよう》・馬面《ばめん》などの各城郭の特徴や、採集された遺物から判断すればその数は多くはならないと判断できる。少なくとも三〇〇程度の城郭は存在しただろう。

これらの遺跡に対して、中国では主として地方の博物館や文物局による現地踏査が行われ、遺跡の確認や形状・規模の把握が行われてきた。さらに、開発に伴う発掘調査が増加する中で、内部の施設等の詳細な情報も増えている。これらの成果を活かして、遺跡地名表・遺跡地図の整備が進み、城郭の位置や簡単な情報も比較的容易に知ることができるようになった。

一方、ロシア沿海地方ではロシア科学アカデミー極東支部極東諸民族歴史・考古・民族学研究所が各地で城郭遺跡の調査を継続している。いくつかの遺跡では、城壁・門・堀などの施設に加え、建物・倉庫・住居・工房などが発掘調査され、多くの出土品とともに、城内の様子が明らかにされている。また、その他の多くの城郭遺跡でも踏査・試掘が行われ、時期の確定や施設の確認が行われている。以上の情報を基に、中国・ロシアにおける城郭の分布状況を述べていく。なお、北朝鮮領内にも多くの女真城郭が存在したことは確実であるが、実態は不明である。そのため、分布については大きく欠如している部分があることをご承知いただきたい。

では、生女真の故地である上京路を中心に、城郭の分布状況と、そこから推定できる金・東夏の行政単位の実態を見ていこう。ただし、この上京路は広大な領域を占めており、地形・環境などの条件も多様である。そのため、それぞれの条件に応じて城郭の分布にも地域的な差異が生じることになる。

生女真按出《あんしゅっ》虎《こ》水完顔部が勃興した松花江の支流阿《あ》什《じゅう》河流域は、東北平原の北半の松《しょう》嫩《のん》平原の東端に位置し、ここから西の拉林河流域までは生女真の領域であった。また、松花江の北岸部も生女真が分布していた。一方、西に隣接する北流松花江流域は、大興安嶺《だいこうあんれい》南麓の内蒙古高原から松嫩平原へとつながる契丹の直轄地であり、契丹皇帝が春に宿営する捺鉢《なはち》の地の一つである長春州《ちょうしゅん》をはじめ、寧江州《ねいこう》、黄龍府《おうりゅう》などの拠点が置かれていた。黄龍府はもともと渤海の扶余《ふよ》府が置かれた地であり、扶余府は契丹に対する防衛基地とされていた。寧江州には生女真との交易を行う榷場《かくじょう》も置かれた。つまり、この地域は渤海時代から、契丹と靺鞨・女真系集団の接触する場所であり、按出虎水完顔部の地は契丹の領域に近接していたことになる。この平原地域には、金の初期の首都である上京会寧府を中心にして、平城が多数分布することになる。

一方、松花江をアムール川に向けて下っていくと、平原から山地に地形が変化していく。これは、長白《ちょうはく》山脈・小興安嶺《しょうこうあんれい》とそれらの山系の広がりによるもので、松花江流域では支流の牡丹江付近まで、南部では日本海沿岸部まで広がる。また、ロシア沿海地方ではスイフン川流域で一時平野が広がるものの、やがてシホテ・アリン山脈の山地が現れる。この

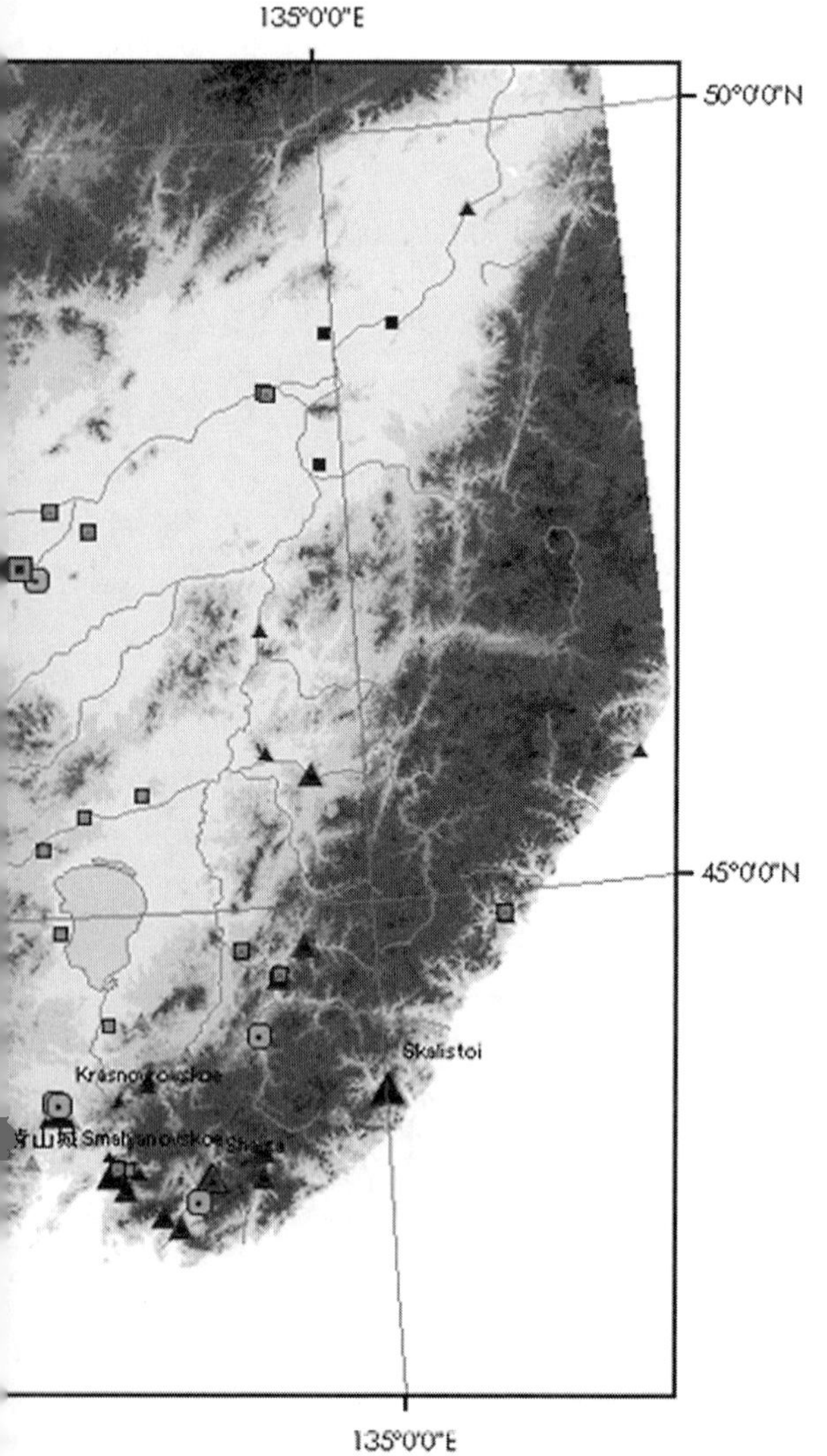

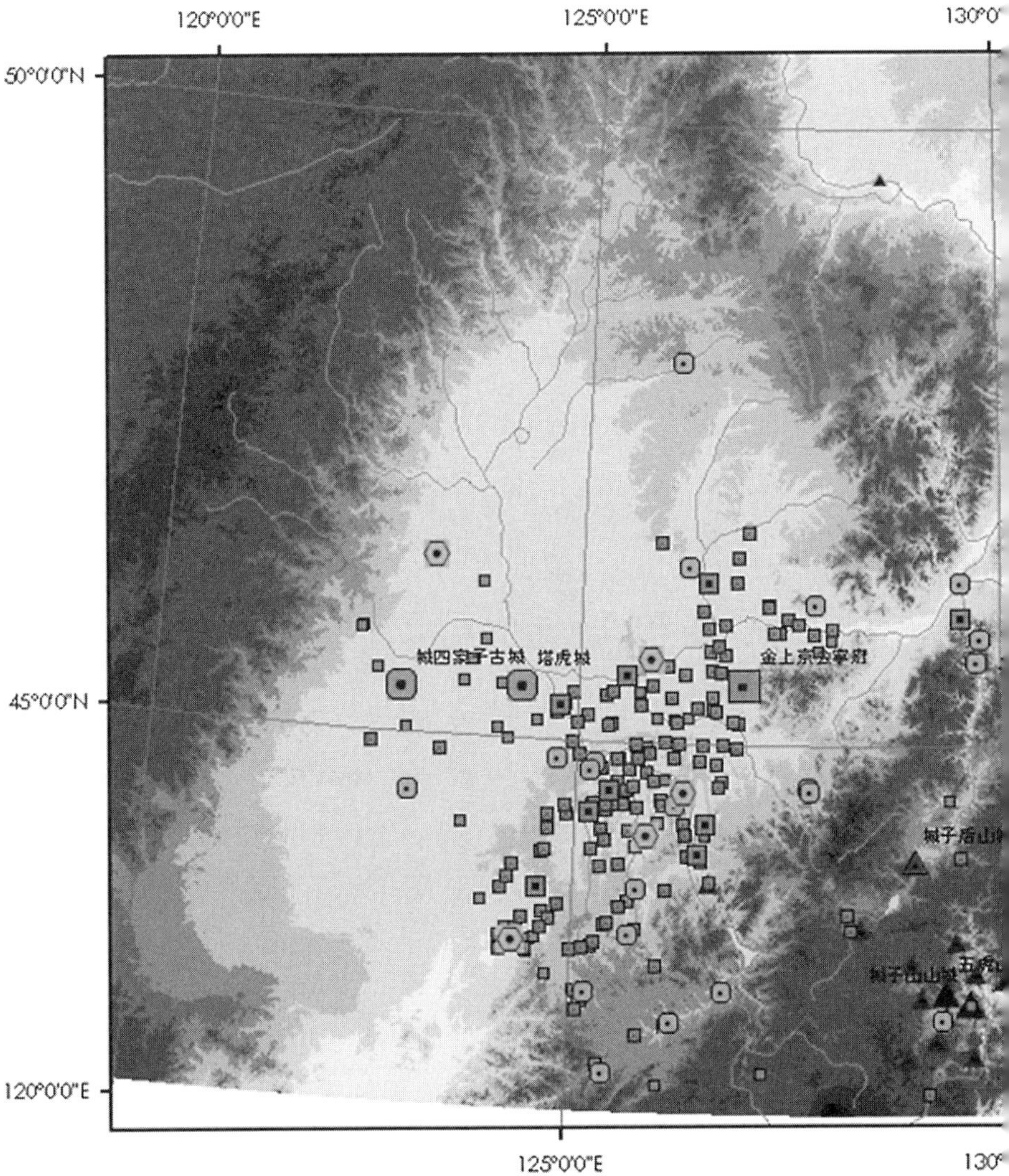

図３－２

図３－２　上京路周辺の城郭遺跡の分布（□平城　△山城）

山地が続く地形は、平城に加えて山城の築造を促すこととなった。
しかし、松花江をさらに下り三江平原にいたると、ここでは再び平城が中心的に分布することになる。また小興安嶺の東麓にゼーヤ・ブレーヤ平原が広がるが、ここでは平城と山城が築造された。

これらの城郭は、当然交通路で結ばれていたはずであるが、特に顕著なのは河川に沿って流域に比較的均等に分布している点である。金建国前後の女真集団の名称を見ると按出虎水完顔部のように河川名によって表されていることが多い。つまり各地域集団の基盤は河川の水系に拠っていたことがうかがえるのである。これは、後に置かれた猛安・謀克についても同様である。このことが、城郭の分布にも反映されていたものと考えられる。また、水系間の連結は、街道によって行われていた。そのため水系を結ぶ峠近くにも城郭が設置されることが多い。この街道には、駅や関所が置かれていた。

分布の密度を見ると、下級路地域より圧倒的に高いのが、会寧府と州部である。これは、契丹統治時代から開発が進み、人口密度も高く、州・県の設置が進んでいたことに起因するのであろう。会寧府周辺では、七・五〜一五キロの間隔を置いて城郭が分布していると指摘されている。一方、下級路地域は、城郭間距離がこれより長くなる。例えば、恤品路に属した日本海沿岸部やウスリー下流域では、北上するにつれて城郭間の距離が延びていき、数十キロ以上離れてくる。日本海沿岸部は特に密度が薄く、河川の河口部にのみ城郭が存在し、上・中流域にはない。これは明らかに人口が希薄であったためと思われる。このように、下級路地域は山地が多いため、平原地域ほど開発も進まず、さらに金の華北進出時に多くの住民が移住したことも原因となり、人口は平原地域に比べ少数であったと思われる。『金史』食貨志常平倉の条に、明昌四年（一一九三）の戸数として「上京・蒲與、速頻（恤品）、曷懶、故里改等路、猛安謀克戸計一十七萬六千有余」と記されている。一方、『金史』地理志にある上京路の会寧府・肇州《ちょうしゅう》・隆州《りゅう》・信州《しん》の総戸数は五万四一八四戸である。これを目安とすると、上京の部分に府・州部を含めるなら全体の三分の一の人口が比較的狭い府州部に集中し、残りの広大な面積の中に猛安謀克が点在していたことになる。

ただし、下級路地域にもいくつかの集中地点がある。牡丹江河口周辺、松花江下流域、延吉《えんきつ》周辺、ウスリースク周辺、ウスリー川最上流域などである。ウスリースク周辺は恤品路治址、牡丹江河口周辺は胡里改路治址の五国頭城が存在したと推定され、延吉周辺は金の曷懶路の領域で東夏の南京址が位置したと推定されており、集中地域が行政・軍事の中心地域であったことがわかる。

城郭規模も考慮してみよう。初期の首都である会寧府は別格としても、会寧府周辺や州域には、特大型城郭が一〇ヵ所程度と比較的多い。下級路地域でも、ウスリースク周辺には、恤品路治址と推定されている沿海地方南ウスリースク城址（平城）やクラスノヤロフスコエ城址（山城）が存在し、延吉周辺には南京址とされる城子山山城が存在する。いずれも特大型である。一方、蒲与路治址とされる克東城址は、やや小振りではあるが大型の平城である。胡里改路址と推定されている依蘭《いらん》城址は、金滅亡後も使用され、改築されているため、初期の規模は不明であるが、三〇キロほど上流に位置する土城子城址は特大型の平城である。以上の点から見て、特大型は府・路・州などの大行政区域の治所址と考えてよいだろう。下級路はこれらと同等かやや下位に位置づくと思われる。その下位にあたる大型の城郭は、猛安クラスの治所と考えることが可能である。これに対し、中型以下の城郭については、謀克クラス以下と考えられる。猛安以上と考えられる中型以上の城郭は、下級路区域では五〇～一〇〇キロ程度の間隔を置き、そしてそれらを取り巻いて小型城郭が分布し、全体では各城郭は数十キロ程度の距離を置いて分布している。そして、それらが河川や街道により、連結されていたと考えられるのである。女真故地における路・州・猛安・謀克の治所の実態であろう。

設計・構造―縄張り

平城の場合は、平面形が方形を呈するのを基本とする。ただし一部には、楕円形や不定型な形状を取る場合もある。ただし、不定形の場合でも、角を作り出すなど方形を意識した形状のものがほとんどであり、これは地形等の制約によるものであろう。また、楕円形のように、まったく方形を意識していない設計の城郭は、ごく少数に限られ、例外的なものであろう。このような設計は、渤海の城市遺跡にも見られ、中国の伝統的な設計思想を継承している。この設計を女真人たちは主に契丹国から受け継いだものと思われる。契丹国を滅亡させた後、金はその領土を取り込み、多くの城市についても部分的な改変は行なったものの基本的にそのまま継続して使用した。上京路を中心とする女真族の故地において新たに城市建設を行う際には、契丹国の城市設計や技術を用いたものと思われる。また、その後華北を領有した際には北宋の城市を継続使用した。そのため、内部の遺構が判明している城市遺跡では、契丹・北宋が用いた中国の都市設計の伝統にのっとり、内部に南北・東西の道路を直行させ方形区画（坊）を作り出し、中心部分に土塁等で方形に区画した内城を置いているものが多い。なお、金では渤海遺民も、重要な役割を果たしている。渤海滅亡後に、契丹は多数の渤海遺民を遼東などに徙《うつ》し、そのまま渤海人としてまとめて統治していた。その後、彼らは金の勃興期に、金に組み込まれた。阿骨打《あくだ》は、わざわざ渤海人に対し「女直・渤海本同一家」と述べて、かれらの恭順をさそったことが、『金史』太祖本紀に記されている。彼らは渤海の文化・制度を契丹に伝え、例えば契丹の瓦製作に渤海人が関与していたことはよく知られている。当然、渤海の築城技術も契丹に伝えられ、その後さらに女真にもたらされた可能性は高い。さらに、高麗からの影響も考えられる。女真族は高麗との間に領域をめぐる紛争を起こしており、高麗が防衛のための城郭を築いたこともあり、金が現在の感興南道周辺まで領域に含めた段階では、高麗の城郭を目にしていたに違いない。特に金の山城には朝鮮半島の山城との共通点も多いので、高麗からの影響も考慮する必要がある。

平城の場合は内城の外側に寺院・市場、市街地が置かれたものと思われる。内城には、大型建物が配置され、南北に一列に並ぶ配置を取っていたらしい。その代表が、初期の都であった上京会寧府址、海陵王以後の都である中都である。

残念ながら、遺構の残りがよく内部の様子がわかる平城がそれほど多くないため、すべての方形城址で同様であったのかは確認できていないが、門の位置などからして直行する道路が内部を走り、方形区画を内部に作り出していたことは推定でき、中国の都市と同様な設計は一般的であったものと思われる。

山城の場合は、地形の制約が平城よりも強くなるので、方形のような幾何学的な形状を取ることには無理がある。そのため平面形は、多様な形状をとることとなる。しかし、多くの山城で共通するのは、内部に谷を抱え、谷を囲むように城壁《じようへき》を稜線《りようせん》に設置する点である。包谷式《ほうこくしき》と呼ばれている。ただし、丘陵の端部が急峻な崖となる場合には、特に城壁を設けず、崖に取りつくように城壁をめぐらしている。また、谷をとりこまず、独立丘や山頂部に城壁をめぐらすものもあり、鉢巻式《はちまき》と呼ばれる。ただし、山頂を取り囲むというよりも、緩やかな斜面において城壁をめぐらすものが多い。また、鉢巻式の場合にも、城壁の外側に谷が面している場合が多く、水場の確保を意識していることが考えられる。

山城の場合、建物を置く平場の配置も地形に応じて多様である。地形的に可能であれば比較的広い平場を置くが、それが難しい場合は、谷の周囲の斜面に狭小な平場を階段状に連続させ、ヒナ段状に建物を配置することが多い。また、斜面が比較的緩い場所では、そこに方形に土塁をめぐらした区画を作る場合もある。ただし、この場合でも明確に広い平場を造成しているわけではない。そのため、平城のように、方形区画の中に大型建物を規格的に配置することはまれである。ただし、建物の規模・形状などから見て、居住区・工房区・倉庫群などの地区設定は行われており、おそらく政庁や城主の居所も存在したのであろう。一辺二〇メートル程度の土塁で囲んだ方形区画内部にコの字状に平地住居を配置する例は多い。これがそのような機能を持っていた可能性はある。しかし、建物はオンドルのような床暖房施設を持つ一般的な住居であり、特に大型というわけではない。いずれにしても、日本の山城のように、堀や土塁で区分した複数の独立した平場（曲輪）を、連続させるような縄張りをとることはまれである。複郭の城郭も若干ではあるが、存在するものの、せいぜい二〜三の曲輪で構成され、複雑な防衛線も構築していない。これは、軍事的な意味よりも機能的な意味の方が強いと考えられる。

道路も平城と異なり地形に合わせて設置され、規格的な構成をとらない。しかも、城内には区画ごとに敵の侵入を防御するための門・枡形などの施設を置くことや、道路を屈曲させることはない。そもそも独立した曲輪が存在しないので、各所で出入りを制限するような意識は希薄である。

ただし、最大級の山城については、内城の建設や大型建物が並ぶ平場の造成が行われており、政庁と考えられる建物群も存在する。このような城郭では、平城と同様な構造・機能を有していたと思われる。そして、大型の内城の場合は堅固な門も持ち、外城との差別化が明確に行われていた。

防御施設

上記したように、女真城郭では複数の曲輪を連続させて、桝形・堀・門などで防衛ラインを作ることは行われていない。城郭を防御するためにもっとも重要なのは、周囲全体をめぐる城壁（土塁）である。城壁は、通常版築《はんちく》で形成され、大型城郭では幅約二〇メートル以上、高さ約一〇メートル程度に達するものもある。外側の傾斜をより強くして積み上げるのが一般的である。少数ではあるが、石積の城壁を持つものもある。城壁には、馬面と呼ばれる突出部を作り出すことが多く、平城では全体に一定の間隔をおいて設置するのが普通である。この部分から横矢《よこや》を掛ける工夫である。馬面の部分をやや高くしているものもあり、櫓《やぐら》状の高楼《こうろう》が置かれた場合もあったらしい。特に方形城郭の四隅には大型の隅楼《すみろう》が置かれていたと思われる。城壁外側の直下に幅一メートル程度の犬走り状の細長い平場を作り出すものもある。特に防御の強化が必要とされた部分では、城壁を二重・三重にすることも行われている。

山城では、横矢を掛けるために主に城壁の屈曲を利用していた。そのため、単純に地形に合わせて城壁を築くだけではなく、意図的に屈曲を強くしたと思われる部分がある。一方、平城のように全体に均等に馬面を配置することは少なく、屈曲部の少ないところや門の近くに部分的に馬面を設けるのみですませていることが多い。

平城においては土塁の外側に堀をめぐらせるのが一般的である。大型城郭では堀幅が二〇メートルを超すものがある。平城においては、堀の掘削土により城壁を積み上げるという意味もあった。一方、山城の場合には必ずしも堀を全体にめぐらせるわけではない。丘陵の傾斜が弱い部分などにのみ堀をうがち、部分的に防御性を高めている例が多いようである。

段丘上や谷に面して城郭を設置する際には、段丘崖側や谷側を掘削し急傾斜とする切岸《きりぎし》により、防御力を高めている例もある。城郭の出入りのために、当然城壁には門が設置される。主要な門に付属するのが甕城と呼ばれる施設である。これは、門の外側に、鍵手状の城壁を付属させて小区画を作り、さらにそこに門を設置したもので、日本の城郭の外枡形に近い。鍵手が一方向からのものと、左右から伸びるものがある。門が二重になり防御力が向上することに加え、馬面同様に横矢を掛ける機能と、内部の空間に兵を置く機能があると考えられる。方形の平城では、通常二〜四面に甕城を設ける。一方、山城では、甕城は設置される場合でも一〜二ヵ所程度で、まったく持たないものもある。

甕城とは逆に、門の部分を内側に屈曲させ横矢を掛けているものがある。また、門の内側に、さらに土塁をめぐらして空間を作り出す内枡形に近いものも存在する。

門の防御には、前面に補足的に短い城

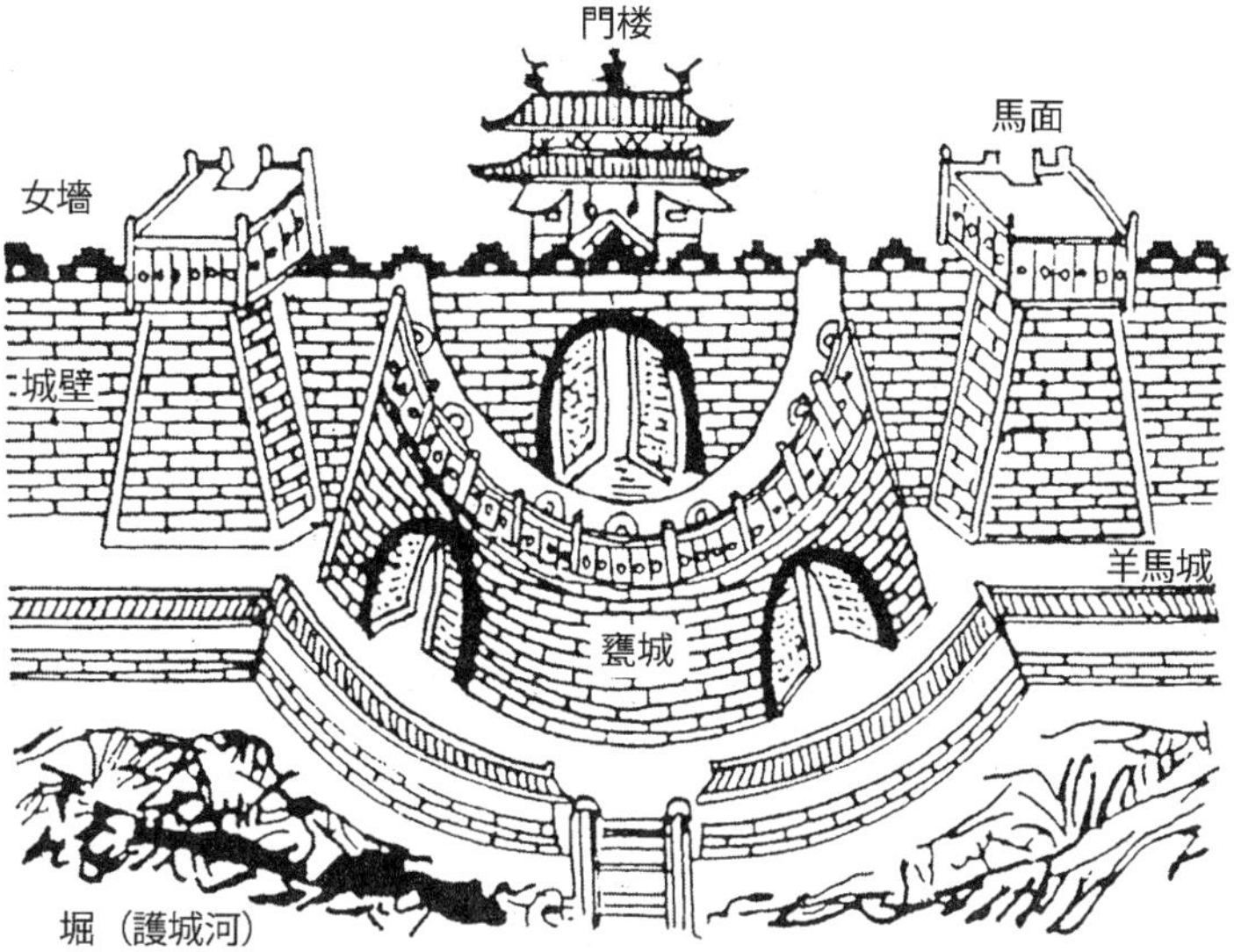

図３－３

図３－４

図３－３　甕城の防御施設名称（『武総経要』に基づく．王兆春『中国軍事工程技術史（宋元明清）』山西教育出版社、2007 年に加筆）

図３－４　宋代の砲（単梢砲、『武総経要』に基づく．王兆春『中国軍事工程技術史（宋元明清）』山西教育出版社、2007 年より）

壁を築き二重とするもの、城壁の先端部をずらして重ねたくい違い虎口《こぐち》などがある。

　現存する城郭においては、城壁の上部部分は崩落が進んでいるため、城壁上の防御施設が確認されることはまれで、詳細は定かではない。しかし、兵士を防御しつつ射撃を加えるための狭間を持つ女墻《じょしょう》や、大型の矢を射るための弩台《どだい》が置かれていた可能性は高い。

　また、宋代は新兵器の開発が進んだことで知られており、金においても守城兵器としてそれらが採用された。特に、てこの原理を利用した砲（投石器）が置かれることは多かった。これは多数の兵士がひもを引くことにより、石弾を装填した棹が軸を支点にして回転して石弾を発射するものであり、宋では石弾の大きさや射程に応じた多種の砲が存在した。金には契丹との戦いを通じて砲の技術が伝わり、一般化した。砲の実物は残っていないが、発射する石弾の集積場所が多くの城郭で発見されており、その近辺に砲が設置されていたと思われる。石弾は門の傍や、場外を見おろせる高所に集積されることが多く、特に門の防御に効果を発揮したものと思われる。出土する石弾にはソフトボール大や人頭大のものまで多種あり、それに応じたサイズの砲が存在したと考えられる。また、この時期には火薬の使用が一般的になっており、金では震天雷《しんてんらい》と名付けられた炸裂弾も用いられた。これが、砲から発射されることもあったかもしれない。

内部の建物

　内城を持つ大型の平城では、瓦葺《かわらぶ》き基壇《きだん》建物が多数建築された。特に上京会寧府や中都などの都城では、皇城と呼ばれる方形の内郭内に、大型の宮殿建物が一列に並び、その

図3－5

周囲に殿舎が並ぶ。これらは政治の中心としての機能を果たしていた。規模は異なるものの同様な配置を取る建物群は環日本海地域における平城でも見られ、地方の州城クラスにおいても政庁として用いられたと思われる。内城の入口の門にも、上京と同様に門楼や三つの通道を持つ三孔門となる例がある。以上の建物は礎石建ち基壇建物で、飾り瓦も多数用いられており、組織の格に応じた規模・装飾の基準があったのであろう。これらは、政治的権威を視覚的に示すものであった。

一方、このような区画は、地形の制約が多い山城では、面積を大きくとれる最大級の規模のものを除くと見られない。比較的大型の山城では内城を設置している場合もあるが、

図3－5　ロシア沿海地方シャイガ城址の製鉄炉復元図
（アースデスク製作）

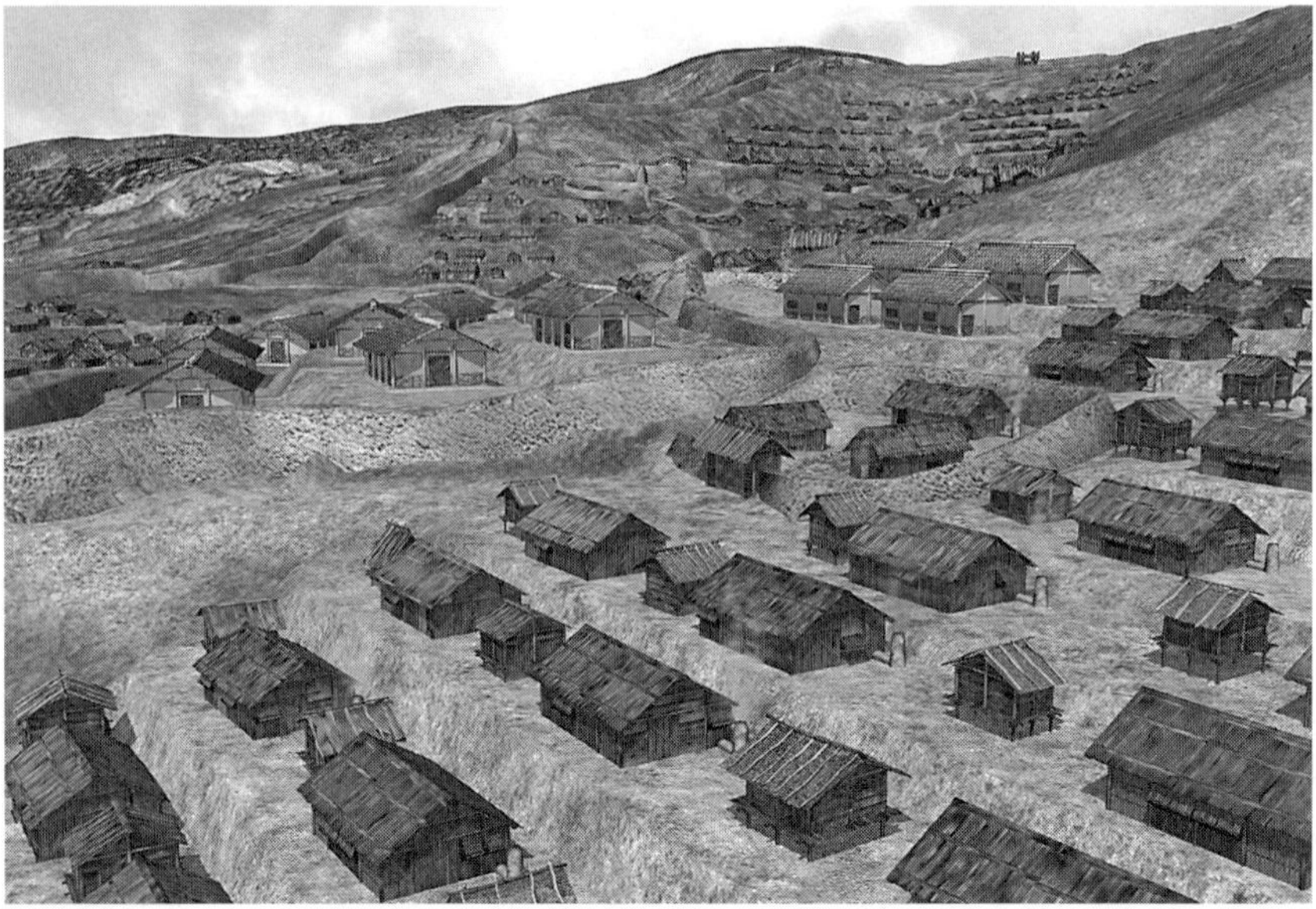
図3－6

図3－6　シャイガ城址の建物分布の復元図
（アースデスク製作）

その形状は不整形であって、比較的広い平場を持つ場合でも方形の内郭内に整然と建物を配置することは少なく、建物を地形に合わせて配置することが多い。また、通常の山城では、発掘調査が広く行われていないため内部の建物群の様子がわかる例は多くはない。しかし、基壇建物のように発掘をしなくても配置がわかるような建物を持つ例も少なく、政庁のような建物配置は確認できないので、中小規模の山城では、本来存在していなかったものと思われる。ただし、斜面に狭い平場を作り出しそこに建物をヒナ段状に配置している例は多く確認できる。斜面に礎石建物が建てられている場合もあるが、すべてに瓦葺きを行なっているわけではなく、格の高い建物とはいい難い。また、斜面や平場に土塁などで小区画を設ける場合があり、工房や倉庫群を設置していることが確認された山城もある。これらは小規模な山城でも存在しており、城内に機能別の区画を持たせていたことは一般的であったと考えられる。

特別に工房群が確認される城郭も多い。大型城郭では、製鉄窯《せいてつがま》址・瓦窯《かわらがま》址などが確認される場合があり、作業場や作業小屋も設置されていた。この他に鍛冶《かじ》、銅鋳造、ガラス工房などが確認されている例もある。特に小鍛冶などの鉄製品関連の工房はほとんどの城郭に存在したらしく、城郭が鉄製品の生産・供給の場としての役割を果たしていたことがうかがえる。そして工房の多くには、一般住居と共通する小規模な平地建物が用いられた。

城内でももっとも一般的な建物は小型の平地住居である。細い柱を方形に配置し上屋を建てる。切妻屋根《きりづまやね》には瓦を用いておらず、板葺《いたぶ》きないしは草葺《くさぶ》きであった。壁には土を被せたと思われ、住居址の周囲に壁土の崩壊土が堆積している場合が多い。暖房・調理は壁際に設置したかまどで行い、そこから床に壁に沿うように二〜三条の煙道を通して、炕（カン）と呼ばれる床暖房を設ける。煙道には平石で蓋をしている。また、脱穀用の踏み臼が床に作りつけられることもあった。平均的な床面積は四〇〜五〇平方メートルだが、大型のものは八〇平方メートルに達する。また、住居の前に小型の高床《たかゆか》倉庫が設けられることが多い。居住区と考えられるところでは、このような住居が集中して建てられている。住居址からは、容器や穀物種子など日常品が出土するのが一般的であり、兵営のような特殊な用途ではなく、一般住民の平均的な住居として用いられたと考えるべきであろう。つまり、山城の内部は、一般住民の居住域でもあり、村落がそのまま組み入れられたと考えられる。

2　府州地域の城郭

女真故地の地域区分

本節では、全体のごく一部にすぎないが、地域・種類別に女真城郭の代表例を取り上げて、具体的に女真城郭の特徴を紹介していきたい。取り上げた事例から、おおむね女真城郭の特徴を理解することはできると考える。地域区分は、便宜的に金代の行政区分にしたがっていくが、この行政区分に、城郭の特徴もある程度対応していることも確かである。

これは、地形等の地理的条件ももちろんだが、城郭の設計・築造についても行政区ごとに行われた可能性を示している。大きく以下の二地域に区分できる。まず、平城が卓越する上京《じょうきょう》路会寧府《かいねいふ》・州部とその周辺地域である。次に、山城が多数分布する上京路下級路地域である。

すでに述べたように、上京路の会寧府及び州部は平原地帯になるため、すべての城郭が平城である。そして府・州の治所は、その中心地域になるため、規模も大型になる。そして、その内部に、官衙《かんが》・寺院・市などの公共施設に加え、居住区が設けられ、多くの都市民が生活していたのである。ただし多くの大規模城郭は、後世にも継続して使用されたため、その後の改変により当時の形状を明らかにするのが難しい。

上京路の下級路には、蒲与、故里改、曷懶、恤品、の四路がある。このうち、主要部が東北平原北部の松嫩《しょうのん》平原に位置する蒲与路と三江《さんこう》平原となる故里改路と、山地が広がる蒲与路の北部・曷懶路・恤品路では、地形に応じて城郭の構成が異なっている。なお、東夏代には、その主要地域である故里改、曷懶、恤品の三路については北京路、南京路、上京路と名称が変わった可能性があるが、ここでは金代の名称を用いて述べていく。

以下では、比較的当時の形状が明らかで、府・州部では行政区名がほぼ確定しているもの、下級路地域では各路の代表例を取り上げて、それぞれの特徴を述べていこう。

上京会寧府址（北緯四五度二九分〇七秒、東経一二六度五八分一九秒）

金の初期の首都である都城遺跡上京会寧府址は、黒龍江《こくりゅうこう》省阿城《あじょう》市の市街地南二キロ、阿什河の西岸に存在する。平地に立地する平城である。現在は、内部の多くは畑地となり、その中に小村落が形成されている。金を建国した生女真《せいじょしん》完顔《わんやん》氏の本拠は当時按出《あんしゅっ》虎《こ》水《すい》と呼ばれた阿什河流域にあった。一一一五年（収国元）の金の建国直後には、都は建設されていなかったが、その後、この地に都城の建設が始まり、第二代太宗の一一二四年（天会二）に中心部分である皇城の建設を始めているので、この頃には城壁なども整えられていたのであろう。一一三八年（天眷元）、第三代熙宗《きそう》は都を「上京」とし会寧府を置いた。一一五二年（貞元元）第四代皇帝海陵王《かいりょうおう》は現在の北京である燕京《えんきょう》に遷都し中都とし、

図3－7

図3－7　上京会寧府址衛星写真
（USGS 提供）

一一五七年(正隆二)には上京の号を廃し宮殿・邸宅・寺院を破壊した。しかし、第五代世宗の時期に、再び上京の号が復され、宮殿・城市も復興されて金末まで続いた。会寧府には三万戸以上の住民が居住していた。

上京会寧府址は、南北二城に分かれる。この二城制度は契丹の上京などから着想を得たものらしい。西面城壁は一直線につながるが、北城がやや東西幅が狭いため、全体の形状は鍵手状になる。北城の南北長約一・八キロ、東西幅約一・六キロ。南城の南北長約一・五キロ、東西幅二・一キロ。全体の周長は約一〇・九キロである。外壁は現状で高さ約五メートル、基底幅約一〇メートル。版築《はんちく》で築造され、八〇〜一二〇メートルの間隔を置いて九〇基の馬面《ばめん》(突出部)が作りつけられている。五ヵ所ある角部には隅楼《すみろう》が置かれた。周囲には濠がめぐり、阿什河を利用して、水をたたえていた。北城と南城の境界は、外壁よりは低い城壁によって区画される。門は九ヵ所に置かれ、七ヵ所では甕城となる。

南城の西北部に中心宮殿区である皇城が置かれた。皇城は南北長六四五メートル、東西幅五〇〇メートルの方形を呈する。城壁はすでに削平されて高さは不明であるが、基底幅は六・四メートルある。南面城壁の中央部に三条の門道を持つ門が置かれる。門の両側には望楼《ぼうろう》が取り付き、いわゆる闕門《けつもん》となる。中央には南北一直線に五基の宮殿建物が並ぶ。南から二番目と四番目の建物が最大規模となり、記録にある朝殿、涼殿と考えられている。また、第五宮殿址はこれまでの地表の現状から、位置が中軸線から東にずれているとされてきたが、近年の確認調査で、中軸線上に本来の宮殿建物が存在したことが確認された。中心建物群の東西に回廊《かいろう》がめぐる。回廊外側の東西の区画にも多数の建物が確認されている。以上の遺構群は、金の宮殿建築の具体例として的に知ることのできる重要資料である。皇城南門の南には南面外城壁の東門が位置し、ここが主要門であったと推定できる。

上京会寧府址内部は発掘調査がほとんど行われておらず、皇城を除くと市街地などの内部については不明部分が多い。しかし、門を結ぶ道路で縦横に区画された都市域が存在したことは確かだろう。城内には多くの基壇《きだん》が存在し、瓦《かわら》・塼《せん》などが散布しており、官衙《かんが》・住宅・市など多くの施設が築かれていたと考えられる。また、城内に寺院も存在したことも記録されており、慶元寺、興円寺、勅願寺である儲慶寺《しょけいじ》などの寺名が記録されている。上京会寧府址の西郊で発見された墓塔に刻まれた「宝厳大師塔銘志」は上京会寧府におかれた宝勝寺の存在を具体的に示す資料である。その他に城内や近郊で金・銀製品、玉製品、鏡、官印、仏像、陶磁器、鉄製品など多数の遺物が発見されており、城郭都市上京会寧府の豊かな生活振りがうかがえる。

首都・地方行政の中心という役割のために、上京会寧府においては、軍事基地である以上に、政治の中心としての宮殿・官衙、宗教センターとしての寺院などの施設が置かれていた。近辺には大規模な製鉄工房の存在も知られており、出土する数多くの遺物からみて、生産・流通の中心地としても機能していたことがうかがえる。

塔虎城址（北京路、北緯四五度二四分五四秒、東経一二四度二一分〇一秒）

次に金の地方行政の要となった州城の規模を知るために、女真の故地からは若干外れるが、吉林市松原市前郭爾羅斯《ゴルロス》蒙古族自治県の塔虎城址を紹介しよう。この遺跡は、松花《しょうか》

図3－8

図3－8　塔虎城址城壁版築

江《こう》の上流域、北流する第二松花江の西岸に位置し、嫩江《のんこう》との合流点に近い。築造は契丹《きったん》時代に行われ、一〇三九年（重熙八）に長春州《ちょうしゅん》の治所が置かれた。ここは、契丹皇帝が正月に移住する「春捺鉢」の地であり、政治的・軍事的に重要な地域であった。金の勃興後ただちに、金に占領され長春県となり、その後、徳昌《とくしょう》軍が置かれ上京路に属した。女真人たちが、城郭建設のモデルとした例の一つであろう。一一九七年（承安二）に北京路に属する泰州が置かれ、この城郭はその治所とされるようになる。モンゴル軍の侵攻が始まると、一九の辺堡とともに防御拠点の一つとしても機能した。保存状況も良く、早くから注目されていたため、比較的内容が知られている城郭である。

城址は一辺約一三〇〇メートルの方形を呈し、周長五二一三メートル。城壁は版築で作られ、高さは六・五メートルにいたる。各面の城壁の中央に甕城が置かれ、各一六ヵ所の馬面を持ち、四隅に隅楼を持つ。周囲には二重に堀がめぐる。城内は、畑地のため削平が進み、遺構は壊されているが、八ヵ所で基壇が確認されている。その他にも、瓦・塼・土器・陶磁器・銭貨・鏡・仏像など多数の遺物が採集されている。吉林省文物考古研究所によるボーリング調査により、城内は直交する七本と五本の道路により碁盤状に区画されていることが判明しており、城郭都市として整備されていたことがわかる。

泰州は金の州の中では、三四〇〇戸とさほど人口が多くはない。しかし、金代には北方への備えとして、国土防衛の中心機関の一つである東北路招討司が置かれるなど、金の軍事的拠点であった。そのため、塔虎城の規模は、周辺の同時期の城郭と比べて大型であり、堀や城壁の防御性も高く造られており、金の州城の規模を具体的に示す事例として重要である。

上京路府・州域内では、以上の二つの大規模城郭の周囲に、周長二キロ以下の中小規模の城郭が数キロ程度の距離を置いて、取り巻くように配置されている。特に上京会寧府は、これらの城郭群により、厚い防御網が敷かれていた。他の州城においても、同様な配置がなされたのであろう。さらに、太宗の時期に、地方行政組織を改めたさいに、それまでの城堡塞鎮を県としたことも記されており、小城郭の中にそれらの県城も含まれていると思われる。一方、塔虎城は、周辺の中小城郭群の他に、金がモンゴル等の遊牧勢力対策として設置した長城（金界壕）とも連携し、そこに設置された一九ヵ所の辺堡と併せて防衛ラインを形成していた。

3 蒲与路の城郭

克東城址（平城、北緯四八度〇四分五〇秒、東経一二六度〇八分〇三秒）
黒龍江省斉斉哈爾《チチハル》市克東《こくとう》県に所在する。東北平原の北部、嫩江の支流である烏裕爾河中流域の平原地帯に立地し、川がすぐ北側を走る低地部に位置する。全体は楕円状を呈する特殊な外形をとる。城壁の周長二八五〇メートル、幅一〇メートルの周濠がめぐる。北と南に甕城門を持ち、それをつなぐ道路が南北に走る。城壁には四〇ヵ所に馬面が置かれる。

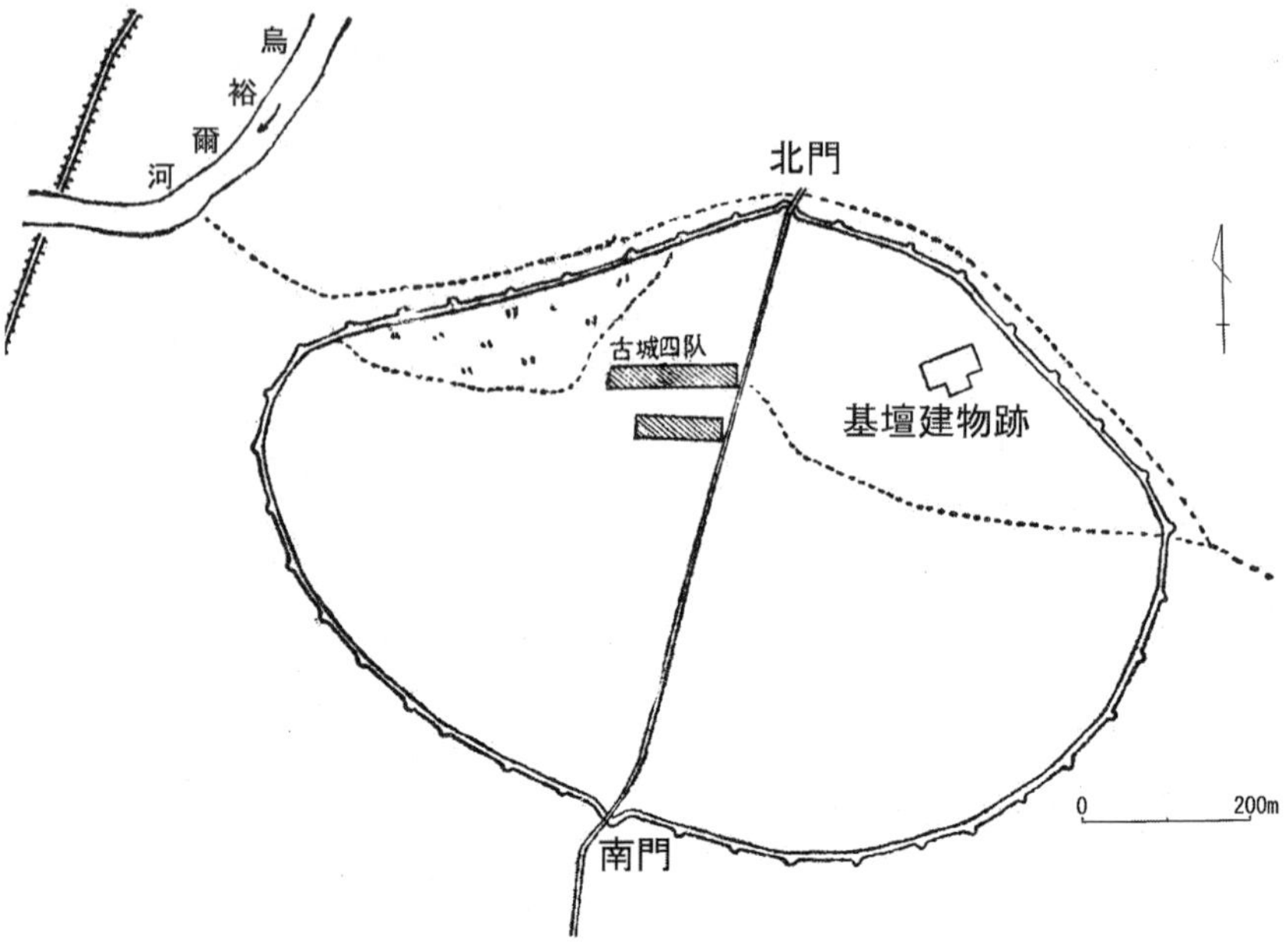

図3－9

図3－9　克東城址（黒龍江省文物考古研究所「黒龍江克東県金代蒲峪路故城発掘」『考古』2、1987年より）

南門は発掘調査が行われ、門の構造が明らかにされている。門道は約長一二・六メートル、幅約五メートル。門道中央に敷居と扉止めが置かれる。この部分を囲むように門楼の四本の木柱が立つ。門道の両側には各一五本の柱が立ち、その間には木製の地覆《じふく》が置かれる。門道には礫石《れきせき》が敷かれ、門の全面は塼敷《せんじき》が行われた。門の周辺からは石弾《せきだん》や鉄鏃《てつぞく》などが多数出土し、門楼には火を受けた痕跡が見られ、激しい戦闘が行われたと思われる。蒲与路は城内の北東部では基壇址が発掘調査され、前面に露台を持つ礎石建物址が確認され、官《かん》衙《が》址と推定されている。この建物もすでに消失したらしいが、本来は、行政の中心区画である内郭と建物群が存在したのであろう。城内の西半からは、焼土・スラッグ等が採集され、商工業区が存在したと推定されている。城内からは、「蒲峪路印」が採集されており、金の蒲与路治址と推定されている。

ノヴォペトロフカ城址（北緯四九度三四分五三秒、東経一二八度一六分五〇秒）

ロシア連邦アムール州ノヴォペトロフカ村の西郊に位置する。蒲与路の北部にあたるブレーヤー平原に存在する城郭で、アムール支流の低河岸段丘上に立地する平地城である。全体は、不正な台形状を呈し、内部中央に設けられた三列の内城壁で南北に二分される。周長は約二キロ、現存高は四〜八メートルある。城壁の外には堀がめぐる。現在、城壁の残存状況が悪く、内城壁の南側は痕跡的にしか残っていないが、北側部分は、比較的良好である。城壁には馬面が設けられており、内城壁にも馬面が設けられ、甕城門が一ヵ所確認できる。いずれも南西側に突出して設けられ、北城を区切るために城壁が設けられたこ

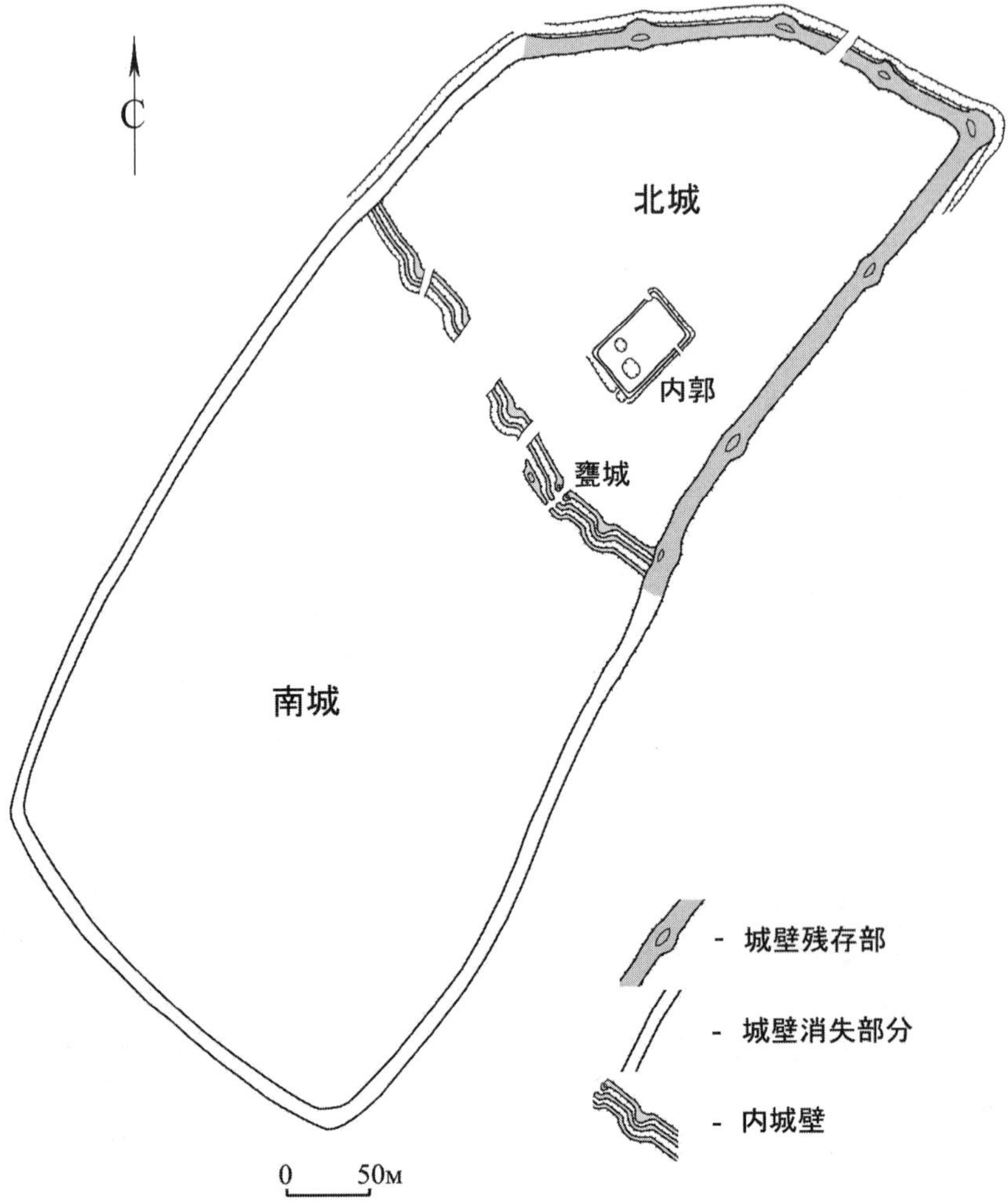

図3－10

図3－10　ノヴォペトロフカ城址（Зайцев，Н.Н.，А.Л.Шмакова，Д.П.Волков 2008 Городища Амурской области，“Традиционная культура востока Азии” вып.5，Рис14）

とがわかる。外城壁も南のみに門が設けられたらしく、そちらが正面ということになるのであろう。内城壁によって区切られた北城の内部には、五五×三五メートルの方形区画(内郭)が設けられ、中に方形建物痕跡が認められる。中規模の城址であるが、それでもこのような内郭を持つのが、平城の本来の姿であると思われる。

ウチョスノエ城址(山城、北緯五〇度二五分五九秒、東経一二七度四一分一七・七二秒)

ゼーヤ川の河口に近いウチョスノエ湖岸の丘陵上に位置する。湖に面する側は断崖となり、城壁は丘陵の稜線上から湖側の斜面を囲むようにめぐり、全体は北西—南東方向に伸びる不整方形を呈する。周長は四三四一メートルであり大型の山城である。城壁高は、外面で四メートルに達する。南東面の城壁には二ヵ所に門が切られ、木製の門が設置されていたらしい。また、馬面も城壁の各所に存在する。南西・北西面には、城壁の前面に堀も存在する。内部の遺構の詳細は不明であるが、陶質土器と考えられる中世土器が出土し、一三世紀代という放射性炭素年代が得られており、金代に築造された城郭と考えられる。

シャプカ城址(山城、北緯四九度三六分三九秒、東経一二八度三四分二三秒)

アムール中流域アムール州パリャコヴォ村の西約五キロの丘陵上に立地する。城は自然地形を利用しているため不整形であるが、女真の城郭には珍しい二郭の連郭構造をとり、南西側の主郭に副郭が約一〇メートルの比高差を持って取り付くように築造されている。副郭に一ヵ所、主郭に一ヵ所門が設けられ、第一郭と主郭の間にも門が設けられる。主郭

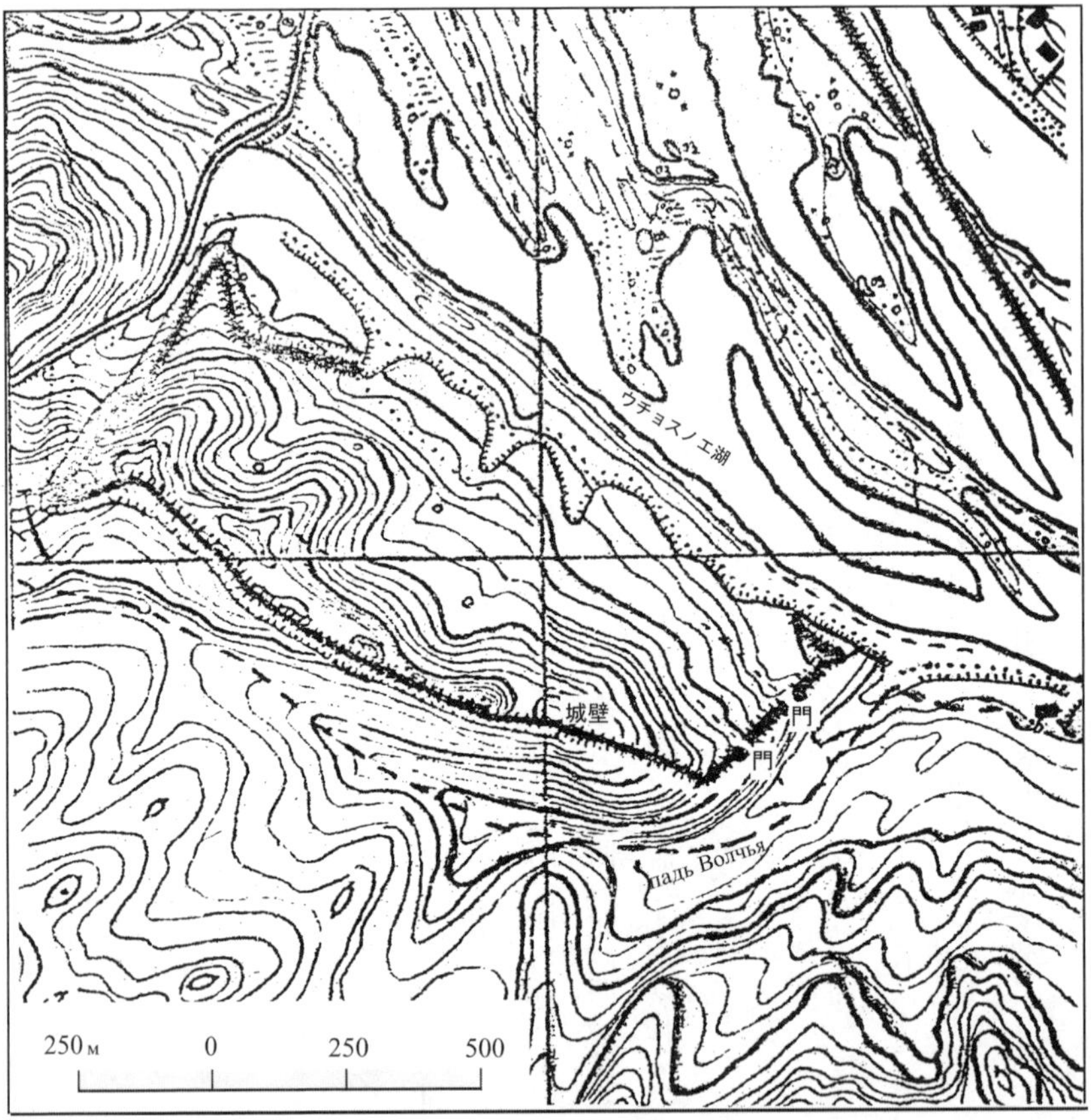

図3－11

図3－11　ウチョスノエ城址（Зайцев,Н.Н.,А.Л.Шмакова,Д.П.Волков 2008 Городища Амурской области,"Традиционная культура востока Азии" вып.5, Рис14)

の北半に丘陵の頂部が位置し、その周辺に約四〇基の住居が分布する。

城内で、主郭・副郭各一ヵ所ずつ発掘が行われている。主郭では住居址が集中する高所で発掘が行われ、三基の住居址が出土している。いずれも石組の炕（床暖房施設）を持つ平地住居であり、沿海地方の金・東夏時代の住居と同じ構造を持つ。しかし副郭ではこのような住居址は検出されておらず、作業場として用いられ簡易的な建物が存在したのみかと推測されている。なお、出土遺物のほとんどが土器であるが、元豊通宝《げんぽうつうほう》（一〇七八年初鋳）と崇寧重宝《すうねいじゅうほう》（一一〇三年初鋳）という一一世紀末から一二世紀の貨幣が出土しており、金・東夏代の築造と思われる。

上京路の北西部を占める蒲与路には、大興安嶺《だいこうあんれい》東麓の草原地域である松嫩平原が含まれ、ここにはすでに漢代以前から遊牧文化が分布していた。そのため、契丹時代には契丹の直轄州が置かれ、城郭が配置されていた。そのため、契丹城郭の特徴である平城が主体となる地域である。そして、金代には北方の遊牧集団との防御ラインとされた。克東城址のように、実際にモンゴル軍の侵攻を受けた形跡も見られるのである。一方、蒲与路の北半を具体的に示しているのが、ゼーヤ・ブレーヤ平原の諸城郭であり、おそらく路内に設置された猛安《もうあん》・謀克《ぼうこく》の拠点であろう。アムール川流域にあたるゼーヤ・ブレーヤ平原は、伝統的に、アムール川とその上流にあたるオノン川を経由して、遊牧文化との接触が行われていたため、三江平原などに比べると遊牧的な文物の出土が多い地域ではあるが、靺鞨《まっかつ》・女真系の集団が長く居住してきた地域であり、小興安嶺の山岳地帯が含まれるため、城郭も女真城郭の特徴である山城が存在する。

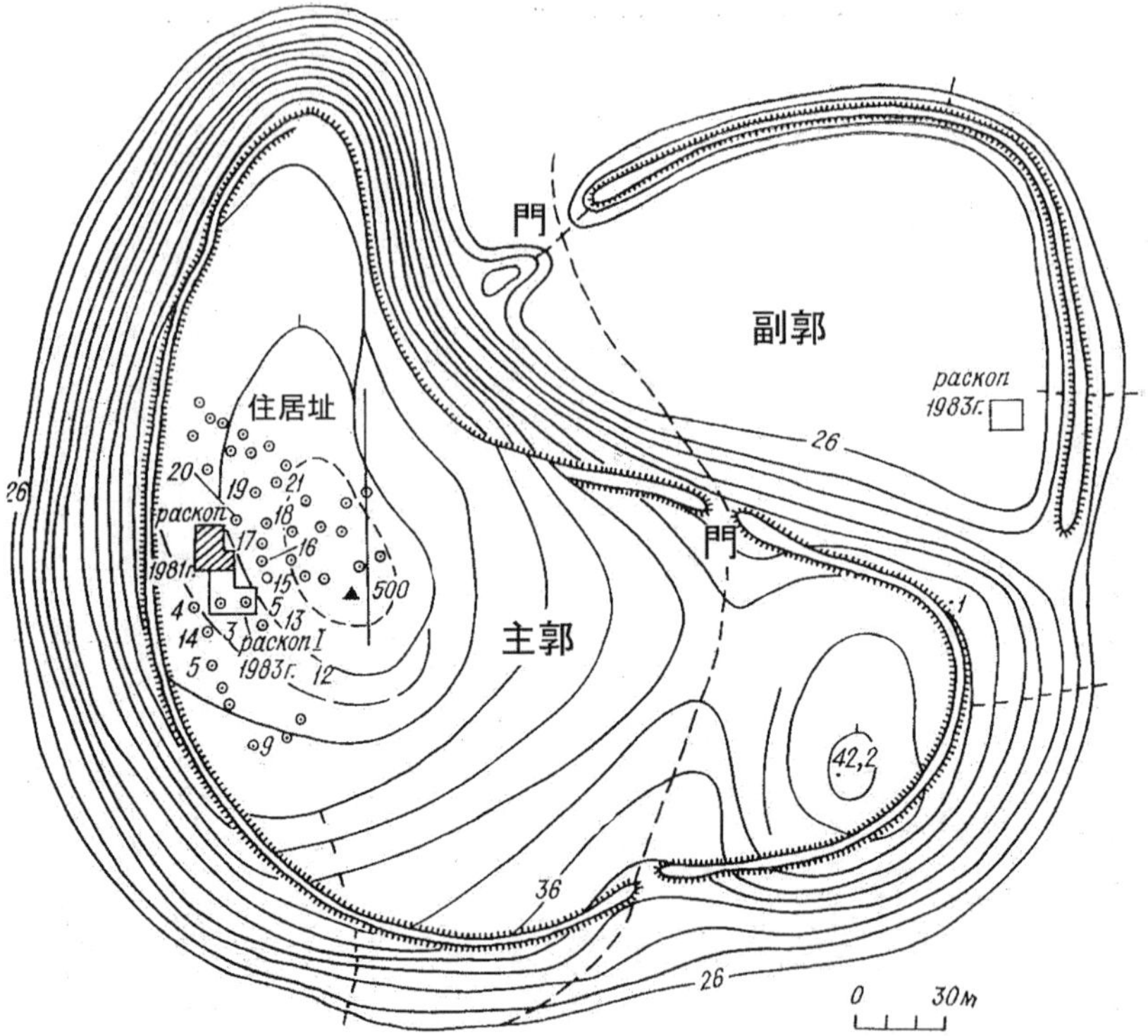

図3－12

図3－12　シャプカ城址（Дервянко,Е.И.1987"Очерки военного дела племен Пртиамурья",Рис28)

4 故里改路の城郭

中興城址（平城、北緯四七度三九分二〇・一〇秒、東経一三二度〇三分四一・八三秒）

黒龍江省鶴崗《かくこう》市綏濱《すいひん》県高力村所在。アムール川と松花江の合流点付近に位置する。城址は、アムール川の沿岸の低地に位置し、アムールの本流と支流の西亮溝子河に接している。三方に川が存在し自然の防御施設となっている。平面形は不正方形の平地城で、周長一四六〇メートル。南北に門・甕城を持ち、城壁には馬面が設置され、二条の副城壁と周堀がめぐる。また、城外に周長二〇〇メートルの小城が三基隣接する。発掘はなされていないが、銅印、銅鏡、玉製品などの金代遺物が採集されている。また、場外の西側に同時期の墓地が存在し、一二基の墓が発掘され、木棺墓、火葬墓などが確認された。副葬品は、陶磁器、金・銀製品、玉器、鉄釜など多様である。特に注目されるのは、アムール川流域の靺鞨系文化であるパクロフカ文化土器の代表的器形である瓜稜《かりよう》壺が出土しており、パクロフカ文化からのつながりが確認できる点である。また、金の銭貨である大定通宝《たいていつうほう》（一一七八年初鋳）が出土し、金代中・後期という年代が想定された。

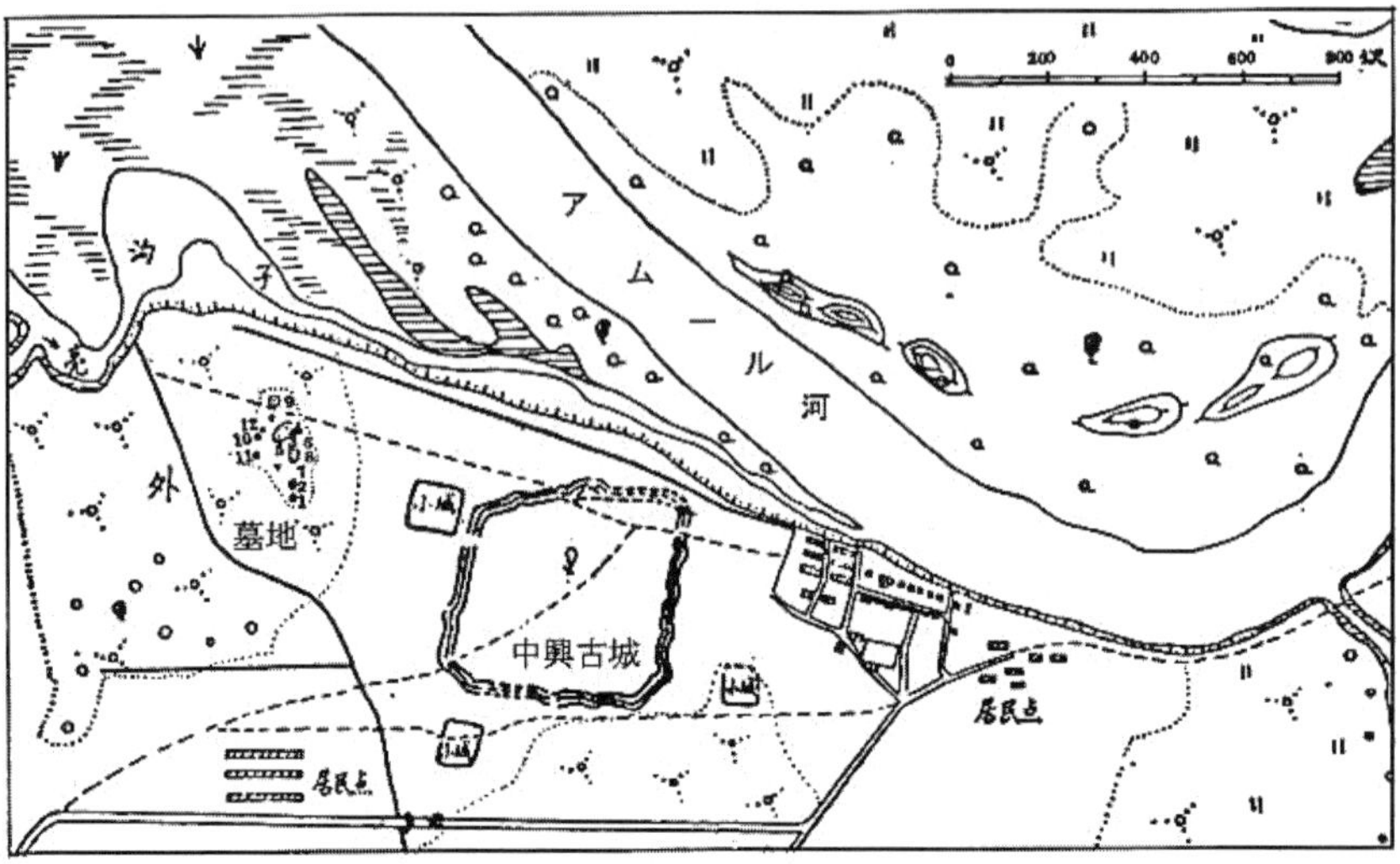

図3－13

ジャリ城址（平城、北緯四九度二六分二八秒、東経一三六度三〇分三七秒）

ハバロフスクからアムール川の下流へ約一五〇キロ、ハバロフスク州トロイツコエ村郊外に所在。河畔の丘陵が川に向けてやや岬状に突き出した部分の先端の段丘面上に立地する。北面は岸壁に、東面は谷に接しており、自然地形を利用した占地といえる。平面形は不整方形を呈し、城壁の高さ一～二メートル、周長約五〇〇メートル。ハバロフスク州ではもっとも規模が大きいとされている。西と南に甕城状の門が取り付く。西門には、アムール川から沢伝いにあがる道がつながる。東面は谷の部分を切り岸状に整形して防御力を高めている。

城外一ヵ所、城内二ヵ所で小規模な発掘が行われている。場外では東面城壁近くでトレンチ調査が行われ、生活・生産廃棄物が堆積した一・六メートルの厚さの文化層

図3－13　中興城址とその周辺（黒龍江省文物考古工作隊「黒竜江畔綏濱中興古城与金代墓群」『文物』4、1977年より）

が確認された。また城内では西門のそばと南門で調査が行われている。西門側の調査区では、方形の竪穴遺構が検出され、門衛のための施設と考えられている。南門では、甕城近くの隆起が不正方形の区画であり、門防御のための施設であることが確認された。

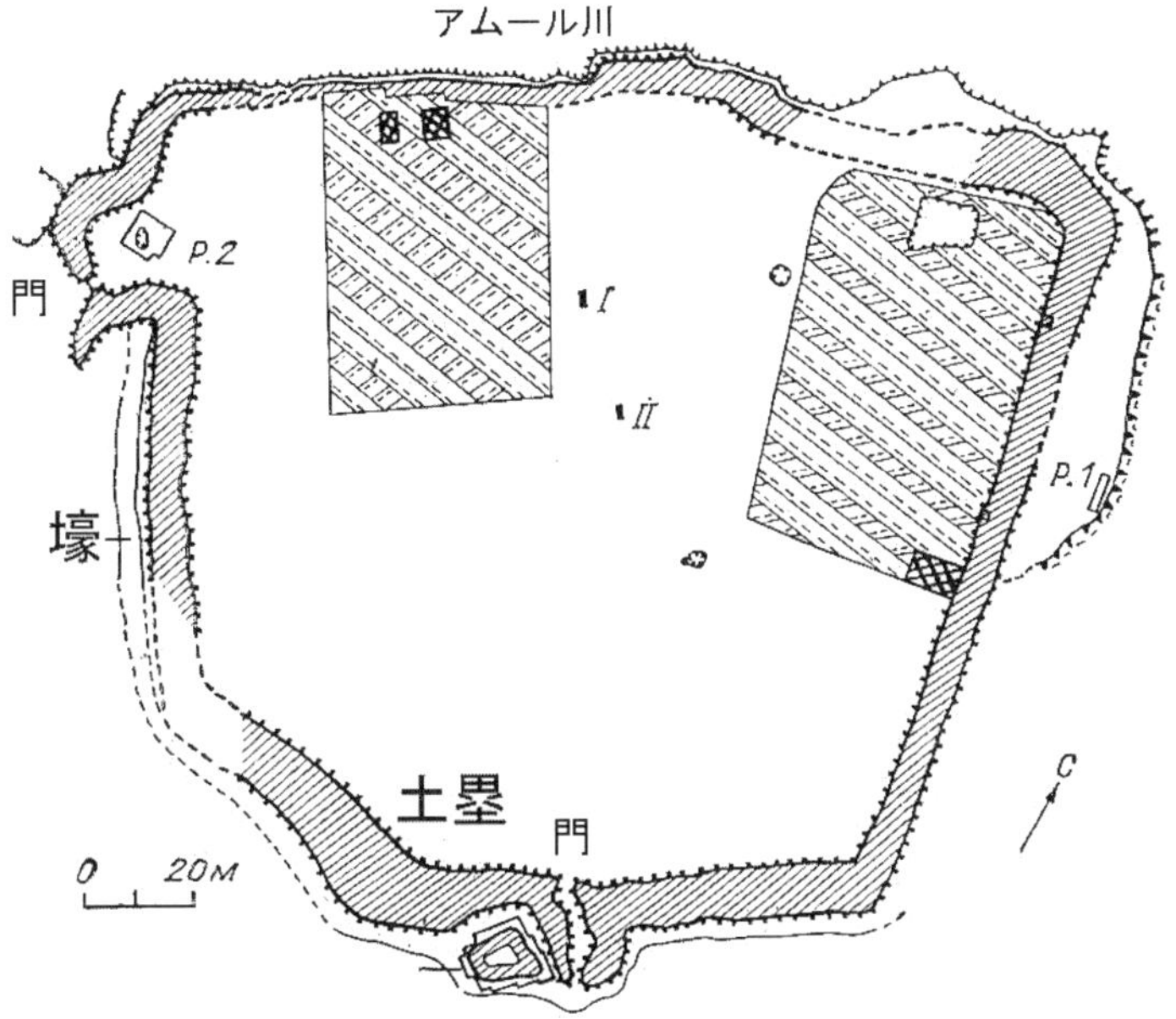

図3－14

図3－14　ジャリ城址（Медведев, В.Е.1986"Приамурье в концеⅠ-началеⅡтысячлетия чжурчжэньскя эпоха", Рис 6)

これらの発掘で、パクロフカ文化土器、陶硯《とうけん》、坩堝《るつぼ》、刀子《とうす》、鉄鏃《てつぞく》、鉄鉾《てつほこ》、方形帯金具、一二世紀の北宋銭《ほくそうせん》（宣和通宝《せんなつうほう》か？）、動物骨、鉄滓《てつさい》などが出土している。出土の詳細な状況が不明なのですべて同一時期と判断しがたいが、帯金具は最新段階のものでありパクロフカ文化の末期のものが主体であることは間違いない。

城子后山城址（山城、北緯四四度〇三分五二、東経一二八度五八分〇四秒）

黒龍江省寧安《ねいあん》市瀑布《ばくふ》に所在。牡丹江上流部にある鏡泊《きょうはく》湖を望む山頂上に築造された。南面以外はすべて断崖に接している。城壁は良好に残存しており、南面城壁に甕城門が設けられる。周長約三キロ。馬面は全体に数十ヵ所設けられている。内部には道路が東西に走る。現在は、観光地の一つとなっており、旅行案内のホームページでもその様子を見ることができる。この山城で、「天泰十八年」の紀年を持つ銅印が発見された記録があり、東夏時代の築造と考えられている。なお、この紀年は天泰八年の誤りとする説もある。周辺では「天泰二年北京行部造」銅印や「北京験記」と刻まれた銅鏡が発見されており、東夏の「北京」治所址と考えられている。

故里改路は、三江平原を主体とし、アムール川下流域まで拡がる広大な領域を有している。そして、その大部分が平原地帯・河川流域の平地であり、山地が広がるのが牡丹江流域である。しかし、牡丹江流域でも山城の築造例は少なく、平城主体の地域となっている。その分布の中心は牡丹江の下流域から松花江の下流域と考えられ、比較的規模の大きい平城が分布している。例外といえるのが、牡丹江上流域の鏡泊湖の沿岸部に建設された城子后山城址であり、モンゴルとの緊張関係の中で東夏時代に重要な防衛拠点として築城されたと考えられている。東夏の防衛戦略を具体的に示した例といえよう。

5　曷懶路の城郭

裴優城址（平城、北緯四二度四九分二三秒、東経一三〇度一五分三九秒）

吉林《きつりん》省琿春《こんしゅん》市三家子郷に所在。豆満江《とまんこう》沿岸の平原部に立地する。南面城壁がやや短い不正方形を呈する。南面約四六〇メートル、その他三面は約五二〇メートル。隅楼と一四ヵ所の馬面を持ち、四面に門が空き、南面と西面は甕城となる。特に南面の甕城は幅約五〇メートルに達する。南面には、別城とされる温特赫部城址が取り付く。この二城を合わせると、周長四キロに近い大型城址となる。裴優城址は明代までの使用が考えられている。温特赫部城址は女真の温迪痕部の城址とする説もある。また、大同の紀年を持つ銅印が出土し、東夏時代まで使用されていたことは確実である。

城子山山城址（山城、北緯四二度五四分五一秒、東経一二九度三六分三〇秒）

吉林省延辺朝鮮族自治州図們《ともん》市長安鎮に所在。州都の延吉《えんきつ》の東約一〇キロ、豆満江の支流である海蘭河と布爾哈《ふじごう》河の合流点北側の山上に立地する。中央がすり鉢状にくぼんだ丘

図3－15

図3－15　裴優城址（Google Earth 画像）

陵全体を取り巻くように楕円状に城壁がめぐり、周長は四四五四メートルに達する。城壁は自然石を積み築いており、最大で高さ三メートルに達する。地形に合わせて屈曲を付けることにより、横矢掛けを可能にし、防御性を高めている。北側に、二本の谷が入り、そ

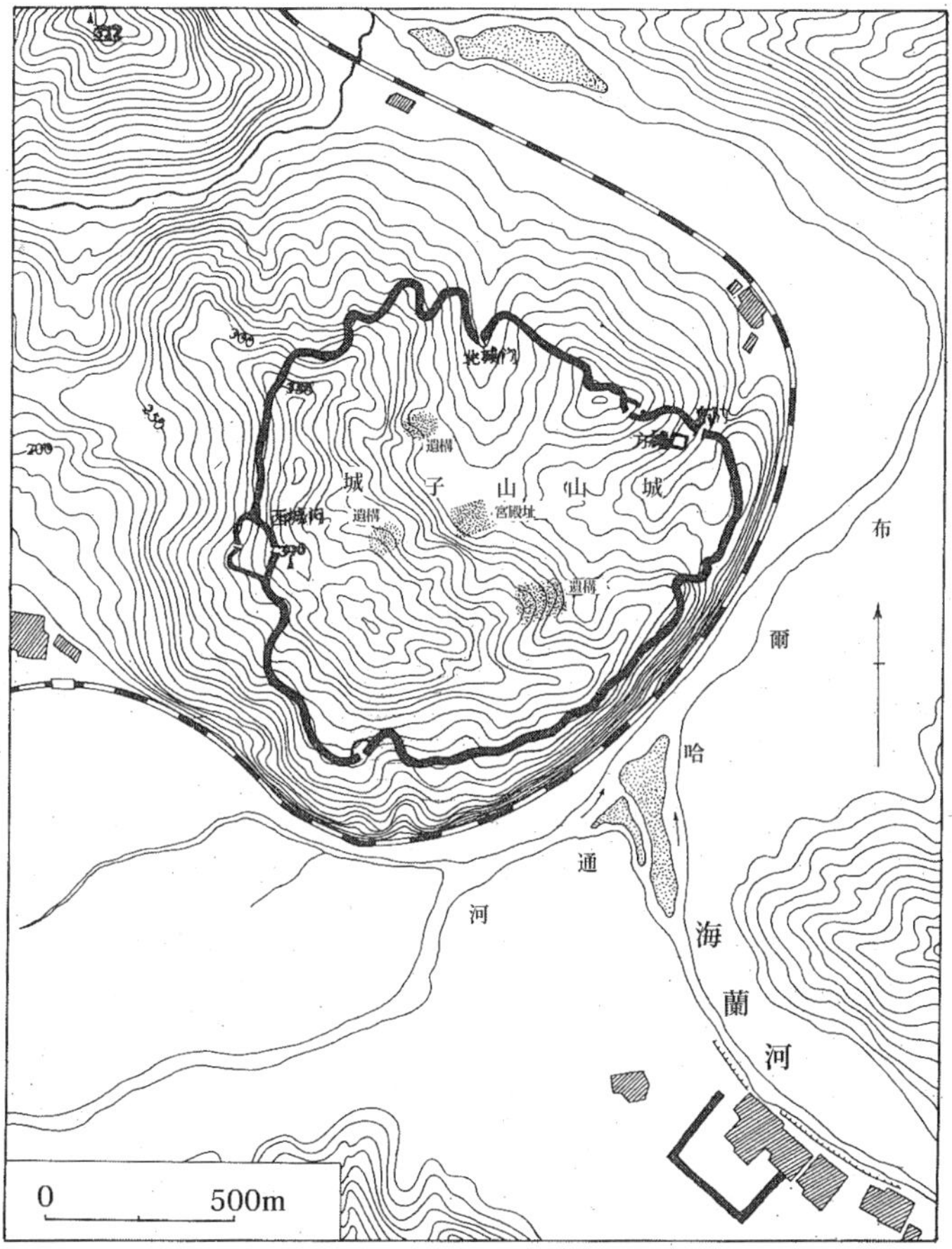

図3－16

図3－16　城子山山城址（吉林省地方志編纂委員会編『吉林省志』巻43、文物志、1991年より）

の谷口それぞれに城門を設置する。この二門は甕城を持つとともに、地形を利用し門の両側の城壁が前に張り出す形となり、厳しく横矢掛けを可能にしている。門はその他に、南西部と南部にもあり、全部で四ヵ所となる。西と南の門は丘陵の稜線上にあり、そもそも攻め上がるのが難しい。さらに、西側の門には、城壁の外側に補助的に城壁を回して張り出した曲輪状の広い空間を置き、甕城に近い形態をとっている。内部には、北側の谷筋を上ったやや平坦に近い場所に壇上に階段状に平場を作り出し、そこに瓦葺き礎石建物を配置しており、宮殿址と考えられている。それ以外に住居が密集する地区が数ヵ所確認されている。城内からは、陶磁器・玉器・鉄製品など多数の遺物が採集されているが、特に東夏の年号である大同と天泰年間の紀年のある銅印と青銅製の箱蓋が出土しており、その中に「南京路勾当公事之印」が含まれることから、東夏の南京に比定する説が有力である。

南京の城址は、モンゴル軍の侵攻に対して、東夏の建国者である蒲鮮万奴がたてこもり、抗戦した城郭であり、ここで万奴はモンゴル軍に捕らわれることとなった。『元史』石抹阿辛伝に、その攻城の様子が記載されている。それによれば、モンゴル軍が南京を包囲したが、「城堅如立鉄」と記録されたように非常に堅固であったため、西南隅から登って「飛櫓」を破り、そこから大軍を攻め込ませて、南京を落としたという。この施設が具体的にどのようなものを指すのかは不明だが、西門外の補助的な城壁をこの「飛櫓」と考える説もある。

曷懶路は、現在の中国領内の以外に、北朝鮮領内も含まれていた区域であるが、残念ながら現在は北朝鮮領内の情報が不明なため、情報が一部欠ける状態を余儀なくされている。

しかし、中国側の情報を見る限りでも、大型山城を取り巻くように中小の山城が配置される様子がうかがえる。同様な状況は次に述べていく恤品路ではより顕著に表れるので、そこで詳しく述べていきたい。

6 恤品路の城郭

恤品（蘇濱）路の領域は、綏芬《すいふん》河の流域以東、現在のロシア沿海地方にほぼ相当する地域にあたる。ハンカ湖周辺の平原地帯を除くと、シホテ・アリン山脈の山地が発達している。そして、そこにウスリー江、綏芬河などの大河とその支流、その他の中小河川が山地と平原部をぬうように走る。そして、それぞれの水系に城郭が、比較的規則的に配置されている。その中心地は、綏芬河下流域の平原地帯であり、渤海時代には率濱《そっぴん》府が置かれたと考えられている地域である。地名としてあらわれる恤品・蘇濱・率濱のいずれも同じ音を、漢字にあてたものであり、綏芬河に由来する地名である。特に金・東夏代に中心地域であったのは現在のウスリースク市周辺であり、ここに恤品路の治所が置かれていたと考えられている。

ロシア沿海地方は、女真の故地の中でももっとも考古学的な調査が活発に行われている地域である。この地域の考古学調査は、一八六〇年の北京条約により清朝からロシアへ領有権が移された後ただちに開始された。女真関連遺跡の調査は、カファロフ、ブッセ、アルセニエフ、ヒョードロフら先駆的な研究者たちにより一九世紀後半に開始された。特にヒョードロフは、すでに現ウスリースク市周辺に遺存していた金代遺跡について詳細な記録を残している。一九六〇年代からは、著名な東洋史・考古学者であったE・シャフクーノフが女真遺跡の発掘調査に着手した。そして、現在では彼の弟子たちが集まるロシア科学アカデミー極東支部極東諸民族歴史考古民族研究所を中心に、精力的かつ継続的に発掘調査、試掘調査、測量調査が進められている。その結果、数十ヵ所の城郭が確認され、それらの内容が明らかにされている。そのため、規模・形態・遺構の内容などの情報が他地域に比較すると、大量に蓄積されているのである。二〇〇五年から、筆者も彼らとともに沿海地方での調査に参加し、女真城郭の実態を目の当たりにすることができた。以下では、彼らが蓄積してきた調査成果に基づいて、恤品路の女真城郭を紹介していこう。

西ウスリースク城址・南ウスリースク城址

ウスリースクに存在したと考えられる金の恤品路の路治址は、一九世紀後半まで現存していた。清朝がこの地域を領土としていた頃は、大型の城郭址が二つ保存され、双城子の地名で知られていた。それが西ウスリースク城址と南ウスリースク城址である。沿海地方がロシア領になり、ロシアの研究者たちが関心を寄せ始めた段階ですでに、これらの城郭址は渤海から金代の頃のものと考えられていた。ブッセらは実際に発掘調査も行い、北宋銭などを採集している。その後の部分的な調査でも、礎石、瓦片、陶磁器片、北宋銭などが採集されており、金・東夏代の城址であることは間違いない。また、城外では石碑・亀《き》扶《ふ》、墓地などが確認されていた。ヒョードロフは、一九一六年にそれまでの成果をまとめ、ウスリースク周辺の遺跡の位置と概要を記述した。この記録は、ほとんどの遺跡が消滅してしまった現在、沿海地方の中世考古学の貴重な資料となっている。

発見された石碑は、現在一部が残されているのみであるが、記録された文章から、金の宗室と親密な関係にあった耶懶完顔《やらんわんやん》氏一族の完顔忠《ちゅう》の墓地に置かれた神道碑であったことが判明しており、第四代皇帝世宗が、建国の勲臣に対する表彰として建てたものと考えられる。耶懶完顔氏は、根拠地であった耶懶水流域から一一二四年（天会二）に蘇濱《そっぴん》（恤品）の地に移封され完顔忠は耶懶路の都勃菫《とぼぎん》（長官）に任命されたことが『金史』に記されている。その後、耶懶路は恤品路に改名され節度使《せつどし》が置かれることとなったが、完顔忠の墓のあるこの地に恤品路の治所も置かれていたことは確実といえる。

残念ながら、遺跡がほとんど消滅してしまったため、城址の特徴を詳細に述べることはできないが、ほとんど原型をとどめて

図3－17

図3－17　南ウスリースク城址城壁版築

いないものの、両城址ともに外城壁の一部が残されており、版築による入念な造成の様子を知ることができる。ブッセの記録によれば、西ウスリースク城址は一辺約七〇〇メートルの正方形に近い形状をとり、東西北の三面は二重の城壁とされている。城壁に沿って幅二五メートルの濠がめぐる。馬面は持たず、甕城を持たない平入りの門が、北面・東面城壁に各一ヵ所置かれる。城壁は基底幅約一二メートルで黒色土と褐色土を交互に厚さ約一〇センチずつ版築で積み上げて構築されている。南ウスリースク城址は川沿いに立地したため地形の制約を受け、台形に近い平面形となり、周長約三キロあった。三面に甕城の形態をとる門があり、馬面も各面に持っていた。城壁は、基底幅が一一メートル、現存高は四メートル。やはり版築で構築されている。いずれも沿海地方では最大級の平地城であり、恤品路治址にふさわしい規模となる。また、二城の周辺には方形の小型土城がいくつか存在したらしい。

近年の城内の発掘調査では、両城址ともに建物遺構などは確認されず、礎石や飾り瓦片などが発見されたもののすでに原位置を動いていた。金代の遺物が出土していることから、金・東代に使用されたと思われるが、西ウスリースク城址については、甕城や馬面を持たないなど、金代の平城とは異なる特徴を持つことから、東夏滅亡後に築造された可能性も指摘されている。

ニコラエフカ城址（北緯四三度六分三九秒、東経一三三度一二分五九秒）

ナホトカ市の北方、ニコラエフカ村郊外のスウチャン川と支流のヴォドパドナヤ川左の

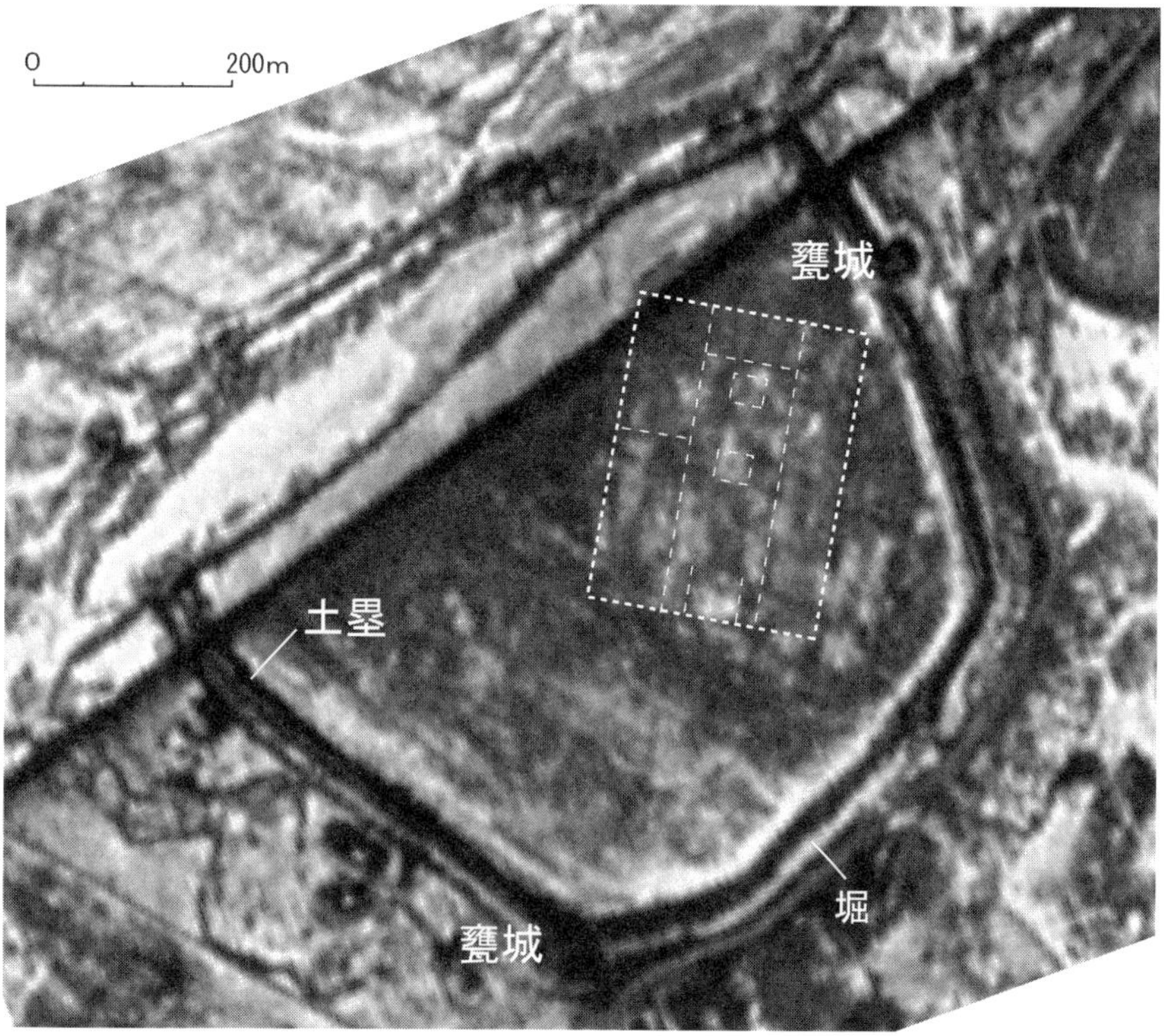

図3－18

図3－18　ニコラエフカ城址衛星写真
（USGS 提供）

合流点にある段丘上に位置する。城址の北側に北西―南東に横断する線路がある以外は、遺存状況は良好である。北西側はスウチャン川に面し、段丘崖に「コ」の字状に土塁と堀をめぐらしている。城壁の高さは一〇メートル、下面幅二五メートルを測る。城址全体の周長は二三五〇メートルである。線路の切りとおし部分で確認された断面から、城壁は版築で構築され、作り直しなどの痕跡は見られないことが判明した。城壁には一二基の馬面がつく。城壁外の堀幅は二〇～二五メートル、深さ三～四メートルで、底面は平らで箱堀《はこぼり》状を呈する。河川に臨む北西側にも高さ一～二メートルの低い城壁が築かれている。その中央部には河畔に下りる通路状のスロープがある。北東側と南側にも門があり、いずれも片方の土塁が鉤手《かぎて》状に迫り出す甕城の形式を取っている。

城内東側には、現存高一メートル程の土塁を長方形にめぐらした内郭がある。内郭は過去に発掘調査されている。鬼面軒丸瓦《きめんのきまるがわら》、龍頭形の鴟尾《しび》等の飾り瓦や、法華経《ほけきょう》に現れる迦《か》稜《りょう》頻《びん》伽《が》像が出土しており、一般の邸宅とは異なる区画であったことは確かである。また内郭南面には門址があり、基部を塼《せん》で造った三孔門であることが判明している。内部は土塁でさらに区分された方形区画が南北方向に一直線に並んでいる。近年、改めて内城内部が調査され、五〇×五〇メートルの平坦面が二ヵ所あり、それに並行してやや小型の平坦面が並んでいることが報告されている。大型の平坦面の一部は発掘調査されており、大量の瓦と柱穴《ちゅうけつ》群が検出されたため、大型の瓦葺施設が存在したことが明らかである。また、従来から残存基壇から、内部に基壇建物が南北に並んでいることが確認されていた。また近年の調査では、磚による区割も見つかっており、その一画で瓦窯址群が検出されている。

官営の窯業施設と考えられる。以前の調査では、この内城は寺院跡として報告されたが、高橋学而氏は官衙的な機能を持った施設と推定しており、建物配置などから見て妥当であろう。規模の差はあるが、上京会寧府南城の皇城と同様な配置が考えられる。城内では、初期鉄器時代、渤海、それに後続するニコラエフカ文化、金・東夏代の土器が採集されているが、内郭も含めて現存する構築物は一二〜一三世紀に建設、利用されたと考えられている。

この城址の周長は二キロを超える。沿海州の平城において、周長が二キロを超えるのは、本城址以外に、双城子（西ウスリースク城址・南ウスリースク城址）とチュグエフカ城址しかない。双城子は恤品路治であると推定されているが、恤品路治は耶懶路治が改称・移動されたものであり、井黒忍氏は、スウチャン川流域に耶懶路治が存在したと推定している。スウチャン川流域の大型城郭の分布状況から見て、この地域が恤品路内で特別な地域とされたことは間違いない。そして、その規模と内城施設の様子から見て、ニコラエフカ城址は、耶懶路の中心的な役割を担っていた可能性が高い。

なお、本城址からスウチャン川の上流約三〇キロのセルゲエフカ村では、同時期の瓦窯が発見されており、その瓦はニコラエフカ城址・シャイガ城址で使用されたとされている。本城址の北西側の水辺に続くスロープは明らかに河川からの物資運搬のために設けられたと思われる。瓦の運搬時にはスウチャン川が利用され、この門から城内に運ばれたのであろう。

チュグエフカ城址（北緯四四度一〇分一九秒、東経一三三度五一分二七秒）

規格的な形態を持つ沿海地方の代表的平城の一つが、チュグエフカ城址である。ウスリー川右岸の平原、現チュグエフカ市街地に位置する。城址の西約三〇〇メートルにウスリー川、南側をその支流が流れている。ただし、西門の一部が削られている他は、土塁、門、堀の遺存状況は良好である。城址の平面形は北面城壁中央がやや突出するもののほぼ正方形で、方位もほぼ東西南北に沿う、均整のとれた形状をしている。四方は高約八メートルの城壁に囲まれており、周長約二一〇〇メートルを測る。土塁頂部の幅は約一・四メートル、基底部の幅は約二五メートルである。各面の城壁に一二～一三基の馬面が取り付く。城壁の土塁の外には堀がめぐっている。堀の幅は、上場で一四～一五メートル、深さは現況で三～四メートルである。ほぼ平らで、断面形は箱堀状を呈する。城壁と堀の間に犬走り状の平坦面が作られている。門は、四面にあり、南北門はほぼ中央、東西門は中央南よりにある。いずれも、甕城を持つ。なお、西門の一部が破壊され、土塁の断面が観察できる。断面では密に詰まった褐色と黒色の土層が交互に堆積しており、城壁が版築で構築されたことが分かる。この土塁は二度に分けて土が盛られているとされるが、ここでは特にこのような堆積状況を確認できなかった。

城内は現在、建物が立ち並び集落となり、建物跡などの痕跡は認められない。しかし、門をつなぐように道路が直行し方形区画が作られていたらしい。そのため、現在の建物もかつての地割を反映したらしく、城址の方位に合わせて建てられている。城址内では文様《もんよう》塼《せん》、大定通宝《たいていつうほう》が採集されている。なお衛星写真を見ると、チュグエフカ城址と外側の現在

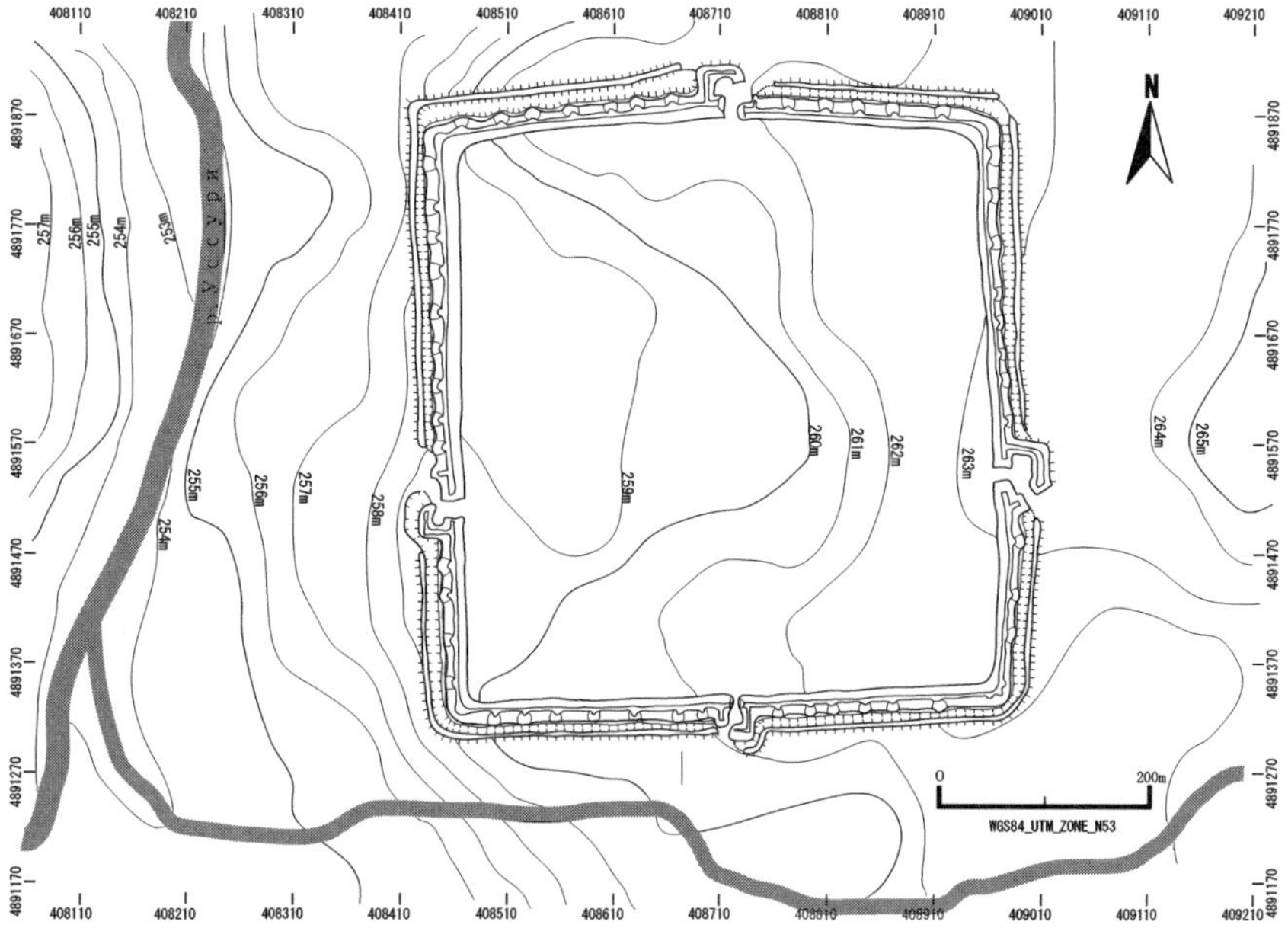

図3－19

図3－19　チュグエフカ城址（『北東アジア中世城郭集成』Ⅰより）

の市街の区画方向も一致していることが確認できる。もともと城外にも方形地割りによる市街地が存在した可能性もあろう。

マリャノフカ城址（北緯四四度四四分五八秒、東経一三三度四二分三六秒）

ウスリー川右岸の河岸段丘上に位置する。段丘崖に接しているため、城址南側は浸食を受けて大きくえぐれており、本来の形状は現況とは異なるが、ニコラエフカ城址のように平面形は方形に近いものであったと思われる。河川と城内には明確な段差がある。本来は、ニコラエフカ城址に見られるように土手や河川に繋がるスロープ等が存在した可能性はある。周長は約一三八〇メートルである。城壁は河川に接する南側を除きおよそ「コ」の字形に配されている。現高四～六メートル、上面幅二～三メートル、下面幅一〇～一五メートルを測る。上面部が楕円形状を呈する一三基の馬面が付く。間隔は一定しない。東側と西側には城壁に接して堀が確認できる。堀幅は下面で一〇～一五メートル、深さ約一メートルで箱堀状である。東側には堀と城壁の間に幅四メートル程の犬走り状の平坦面が作られている。この部分の堀幅は下面で約七メートルと他に比べ狭い。また堀の城外側には土手が認められる。その高さは三〇～五〇センチと低く、下面幅は五～一〇メートルと広く、土の流出が見られる。北側は堀・土手ともに確認できないが、現道により壊されている可能性もある。城門は北西と、東側中央にある。北西門は平入り、東門は甕城の形式を取る。城内には目立った施設は確認できていない。

金・東夏代の利用が考えられているが、城内からは、渤海代の遺物やその後の盤口瓜稜

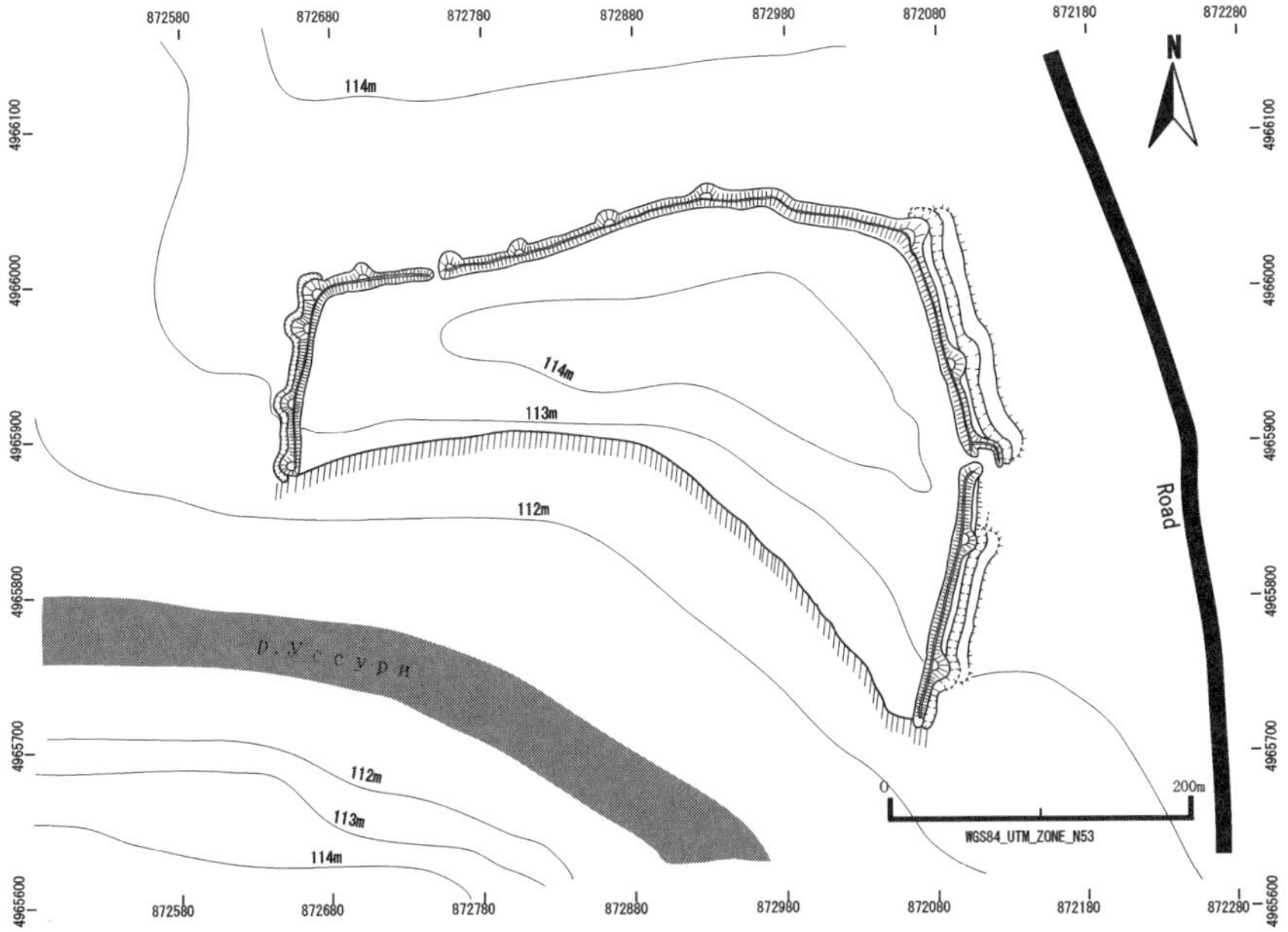

図3－20

図3－20　マリャノフカ城址（『北東アジア中世城郭集成』Ｉより）

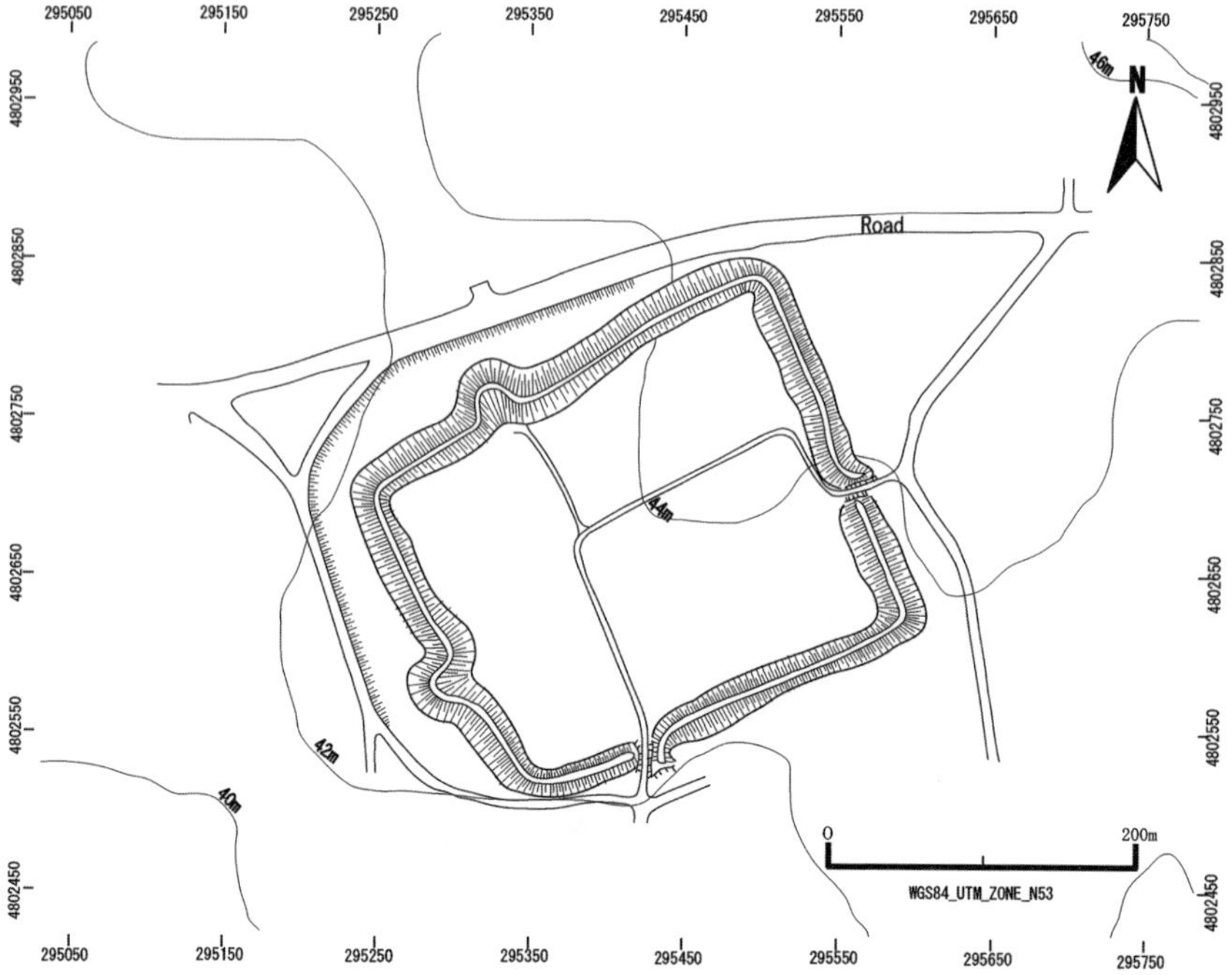

図3－21

図3－21　ステクリャヌハ1城址（『北東アジア中世城郭集成』Ⅰより）

壺が出土しており、長期に利用されてきた場所である。ただし、現在確認できる城址構造は、金代以降と考えられている。

ステクリャヌハ1城址（北緯四三度二〇分五六・六秒、東経一三二度二八分三一・九秒）

ウラジオストック国際空港のあるアルチョーム市より西に二四キロ、シコトフスカ川右岸に位置する。周長は一〇四五メートルの中小規模の城址であるが、東西がやや長い均整のとれた長方形を呈し、各面の城壁に門がある。北門、東門では城壁そのものがU字状に突出する一種の甕城門である。東門、西門は現道によって破壊されているが、恐らくは同様の形態と考えられる。これ以外では、城壁の遺存状態が良好であり、高さは約五～七メートルで、上面幅一～一・五メートル、下面幅約一〇メートルを測る。

城内の文化層は二枚確認されており、下層は渤海代、上層は金～東夏代とされている。しかし、築造時期は上層の段階と考えられる。城内は現在耕作地となっており、遺物が表採できるが、構築物は現地表から確認できない。

マイスコエ城址（北緯四四度五六分二四秒、東経一三二度五八分三四秒）

ハンカ湖周辺に広がる低地に位置するマイスコエ村西方、コミサロフカ川右岸に位置する小規模な平城である。城壁は、北側約一三〇メートル、東側約一二四メートル、西側約一二七メートル、南側約一五七メートルと、南側が長く平面形は不整台形となる。城壁の遺存状態は比較的良好で、現高二～三メートル、下面幅約七メートル、上面幅約一メート

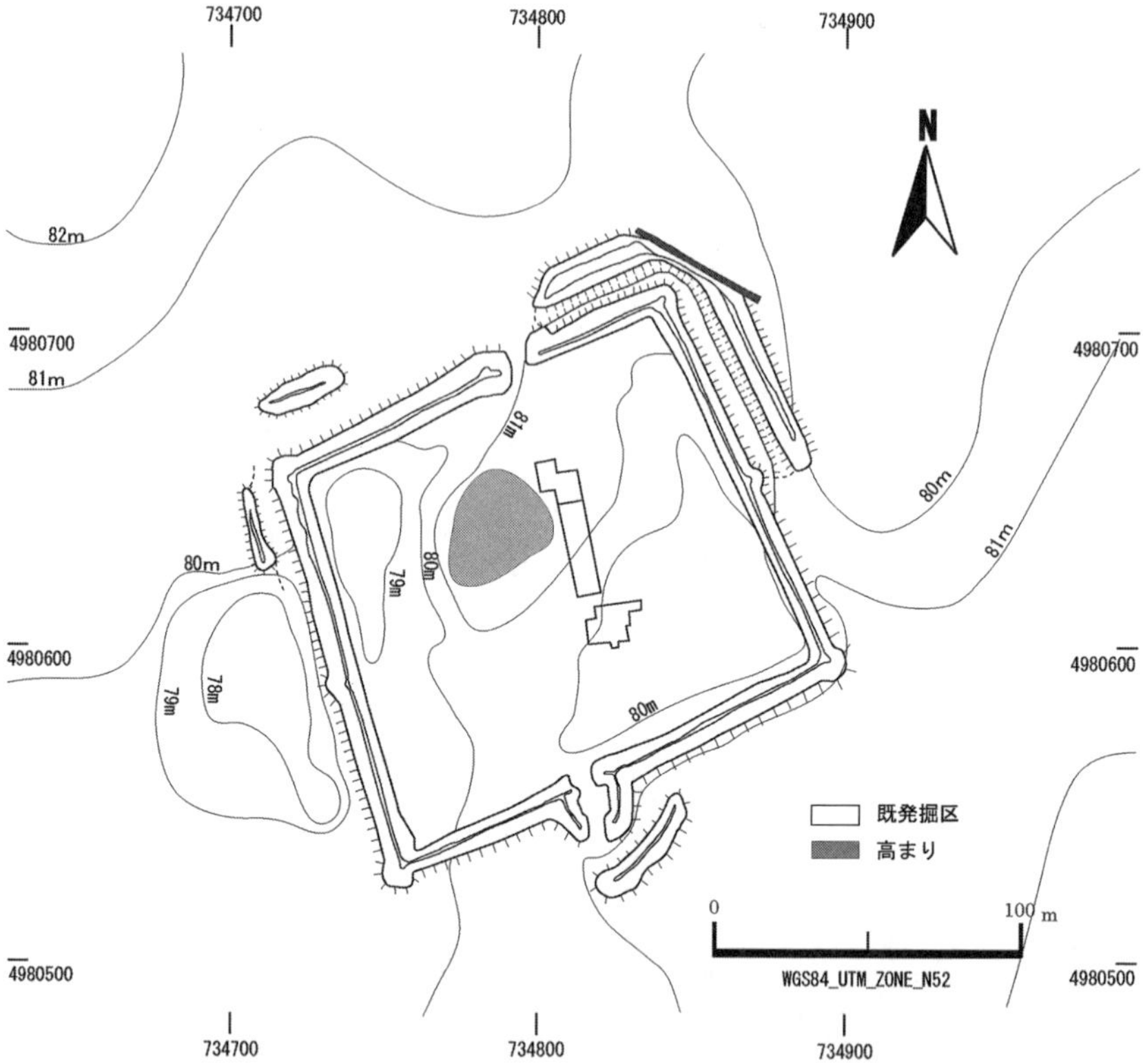

図３－22

図３－22　マイスコエ城址（『北東アジア中世城郭集成』Ⅰより）

ルを測る。南北城壁には、どちらも中央軸からずれて城門が付いている。南側城門は両側から入り口を囲むように外に突出する土塁を持つ甕城の形式をとる。北側城門でも短い土塁が付加されているが、平入りである。隅楼を持ち、東西城壁のほぼ中央には馬面が付く。馬面・角楼ともに上面は長楕円形で幅・長さとも約三メートルである。また東北隅の城外には高さ約三〇～五〇センチの土手がめぐり、城壁の間に幅約四メートルの堀を形成している。深さは約五〇センチと浅く、断面形は浅い擦鉢状を呈しており、埋没が進んでいる。南側や南西側、北西側の所々で、このような城外の土手が確認でき、城址全体を囲うように堀がめぐっていたものと思われる。城外には半径一キロの範囲に小山が点在しており、城内と同様の遺物を伴う施設跡が認められている。城址の付帯施設とされる。城址を中心に小山を含めた全体の範囲が当時の街と考えられている。

城内は中央部から北側に高まりが見られる以外は平坦である。城内東側部分で発掘調査されており、複数時期の資料が得られている。初期の遺構は住居と井戸が、後期では柵跡が見つかっている。

クラスノヤロフスコエ城址（山城、北緯四三度四四分五〇秒、東経一三一度五六分二〇秒）

クラスノヤロフスコエ城址は、綏芬河沿いの丘陵上に立地する大型山城である。西ウスリースク城址・南ウスリースク城址の対岸に位置している。内部の谷をとりこみつつ、丘陵全体に高さ約二～六メートルの外城壁が扇形にめぐる。城壁には、改築の痕跡が見られる部分がある。周長約七キロ。沿海地方最大の規模を持つ。北東部と西南部には城壁を二

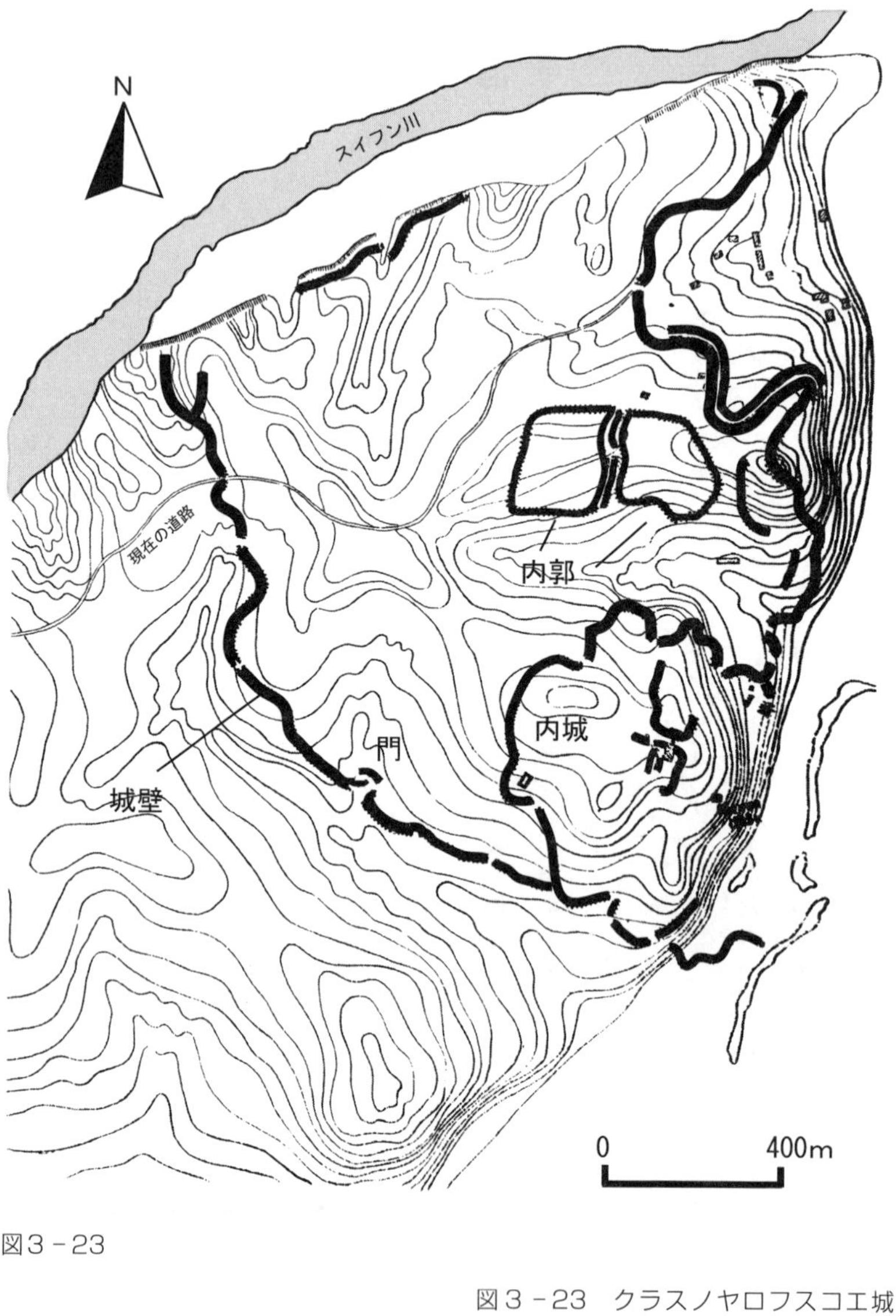

図3－23

図３－23　クラスノヤロフスコエ城址
（Артемьева.Н.Г.1998 Домностройство чжурчженей Приморья（XII-XIII в.в.）Рис115 を加筆修正）

重にめぐらし、防御力を高めている部分がある。城壁に特に馬面は設けず、自然地形に沿って城壁に屈曲を持たせて横矢を掛けている。また、谷が入り込む部分に門を設けており、屈曲を利用した横矢掛けで防御力を高めている。東側では、丘陵を下がり綏芬《すいふん》河支流の走る低地部分まで城壁がめぐる。城内中央の高地には大型の不整形内郭が二ヵ所並んで存在していたが、現在は宅地となりわずかに痕跡が残るのみである。

南東隅は、内部をさらに城壁で囲んで内城を設けている。その東側は絶壁と小谷が入り組む複雑な地形となり、ここに平場を階段状に造成しそこに大型建物を建てていたらしく、現在でも礎石が散在している。また、内城の西側は平坦部がひろがり、この部分が城内でもっとも高い部分となる。そこに高さ約一メートルの低い土塁で複数の区画を造成している。これらの中に礎石や瓦片が集中しており、大型建物が建てられていたらしい。おそらく、行政や城の運営に関わる機関が置かれた区画と考えられる。内城では一区画が発掘されており、三期の遺構変遷が知られている。最上層では、礎石建物二基、中層では炕付き住居、最下層では大型貯蔵穴が検出されている。礎石建物からは、分銅、さまざまな鉄器片、坩堝などが出土し、鉄器の加工が行われたと考えられている。また内城西側の斜面部には、土塁で囲んだ方形区画が置かれ、内部には二基の住居址が置かれていた。門に近い位置に置かれていることから、防御指揮官の居所などの機能が想定されている。

この他に、外城北東部では住居址が二〇基ほど発掘されているが、いずれも炕付きの通常の平地住居である。また、建物跡を走る道路址も確認されている。しかし外城では、遺構変遷が確認できず、すべて同時期の遺構と考えられている。

内城の城壁・建物は、遺構の変遷から、三段階の変遷があったと推定されており、まず内城のみが建造され、その後で外城壁が付加され現在の規模に増築され、さらに建物の改築が行われたと推定されている。第一期は金代、第二期以降が東夏段階とされている。城内から出土する分銅の多くに東夏の年号が刻まれており、この推定は妥当と思われる。また近年の発掘では東夏の年代が刻まれた「耶懶猛安之印」が発見されており、この城郭が耶懶猛安と関係が深いことが判明した。この猛安は、金の世宗が恤品路統治一族の耶懶完顔氏に対してその故地の耶懶水の名を管轄下の猛安に名づけることを許したことに由来している。これにより、この城郭と金の恤品路とのつながり、そして東夏の根拠地の一つが金代の恤品路の地であったことも明らかになった。

現在、東夏の官印出土地から推定される東夏の領域は金代上京路の東部が中心となるが、その中で本城に匹敵する規模を持つ城郭は、すでに紹介した曷懶路内にあたる吉林省延吉市東郊の城子山山城のみである。城子山山城は東夏の南京に比定する見解が有力であり、それに匹敵するクラスノヤロフスコエ城址が東夏の首都開元の城郭である可能性は高いといえよう。

シャイガ城址（北緯四三度一六分四八秒、東経一三三度二〇分三八秒）

シャイガ城址はナホトカ市の北方に位置し、スウチャン川左岸の丘陵に立地する山城である。一九六二年から現在にいたるまで継続的に発掘調査が実施されており、女真城郭の中では城内の構造がもっとも良く把握されている城址である。これまでに多数の住居址、

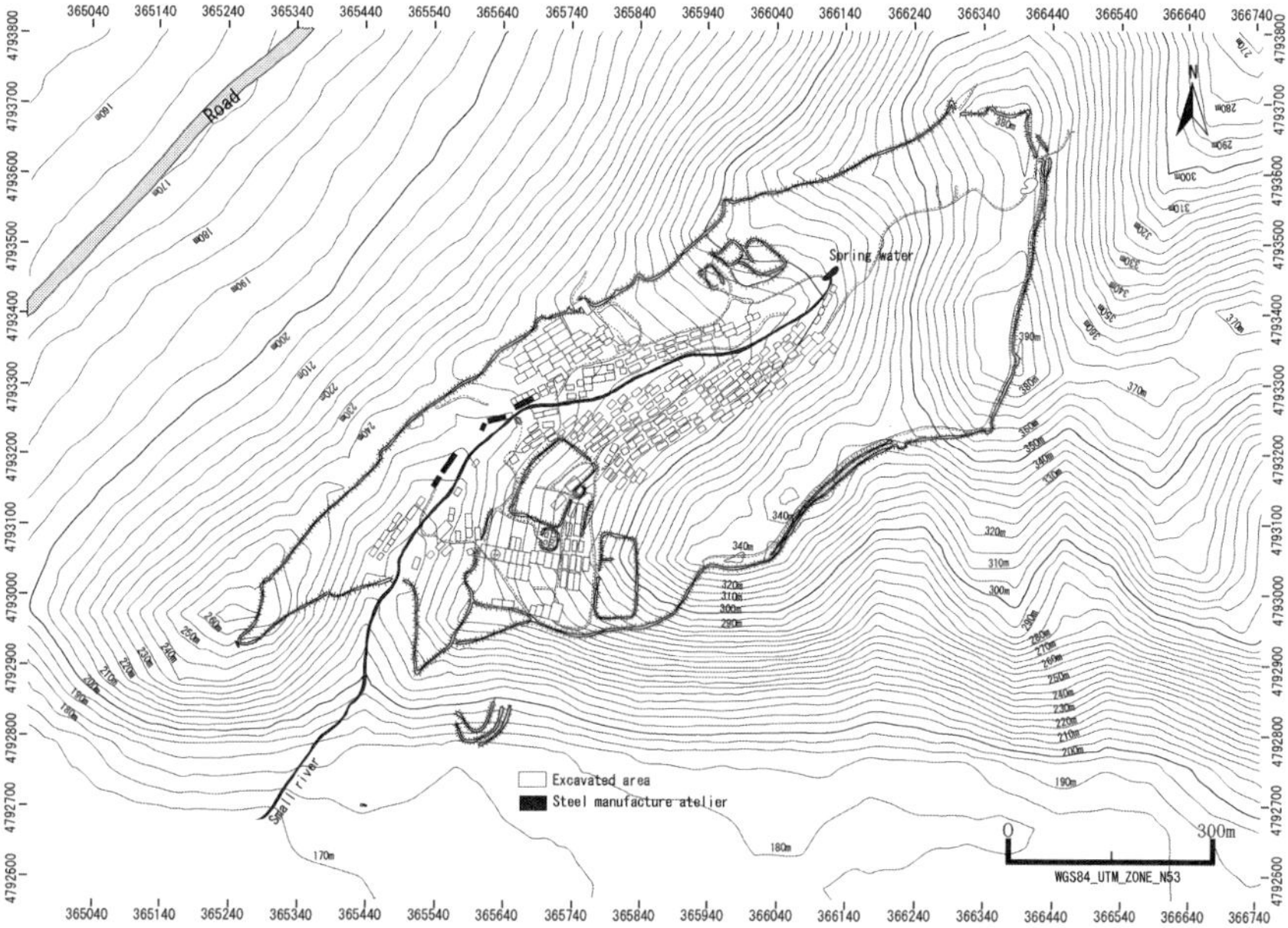

図3－24

図3－24　シャイガ城址（『北東アジア中世城郭集成』Ⅰより）

門、礎石建物、工房址などが発掘調査されている。なお、存続時については、遺構変遷や文化層の堆積が見られないところから、東夏代を中心とすると考えられている。

谷を囲む丘陵全体を城址としており、城址内には長軸方向に谷が入り込み、谷を取り囲む丘の稜線が城址の境界となる。平面形は北東—南西方向に延びる不整形を呈す。周長約三六〇〇メートル、土塁の高さは〇・五～四メートルを測る。やや傾斜の緩い北面・東面の城壁には椿円形の馬面が付され防御力が高められ、その他の部分では、城壁そのものを舌状に突出させ横矢を掛けている。門は四ヵ所に認められる。北門は甕城の形式を取っている。北東側にも平入りの門が一ヵ所あり、その近くにはくい違い虎口《こぐち》状に城壁を重ねた門がある。谷の入り口には両側斜面から土塁が迫り、そこに門を築いていた。谷には小河川が流れており、水門としての役割も果たしたのであろう。この周辺を発掘調査した結果、瓦の集積が検出されたため、城門の上屋は瓦葺であったと考えられている。

城址内は谷筋の両側斜面に、幅の狭い平坦面を多数削りだして、階段状に並べている。それぞれの面に住居址が立ち並ぶ。南側には東西に隣接する二ヵ所の内郭と、小型方形区画が存在する。東の内郭内部には、階段状に礎石建物が並ぶ。武器類などが集中して出土しており、倉庫群などが存在したらしい。西側の内郭には、階段状の平坦面が整然と十数段並び、周辺部分とは明らかに異なっている。統治機関の構成員の居住区と考えられる。この東西の両郭への入口部には、出入りを監視するためと思われる小区画があり、出入りに一種の規制があったらしい。両郭の間に一辺約二〇メートルの方形土塁に囲まれた小郭があり、内部にはコの字状に三基の住居が置かれる。この方形区画周辺では、紀年銘のある銅製分銅・銅印が出土しており、政務空間のような公的な施設が存在したと思われる。

北の門に近い、北側斜面の高位に位置する内郭では炕《かん》付きの礎石建物が置かれ、一般の住居とは異なる様相を呈している。地位の高い人物の居住区域と推定できよう。

一方、谷筋に面した低位の平坦面には製鉄工房址が置かれた。ここでは製鉄炉が検出され、鉄滓《てつさい》、鉄鉗《かなばし》・鉄鑪《てつろ》・鑿《のみ》・鉄鎚《てつつい》等の鍛冶具が出土し、製鉄から精錬・製品加工が行われていたことがわかる。地域の鉄生産の内容を詳しく知ることのできる事例となっている。

一般的な住居は、小河川の両側の斜面に立ち並び、その特徴からいくつかに分類できるが、いずれも石組の炕付き平地式の住居址である。平面形は方形で、五三パーセントが四〇～五〇平方メートル、二二パーセントが三〇～四〇平方メートルという広さを持ち、おおむね一様な面積を持つ。さらに多くの住居に、総柱の小型倉庫が付設されており、公団住宅のように形態や面積が規格化された住居群である。床に脱穀用の石臼が設けられた住居も多い。住居址の総数は四〇〇基を超え、数千人の居住が可能な城郭であったと推定されている。住居群内部には小規模なガラスや銅製品の鋳造工房も存在し、職人も居住していたらしい。城内からは農具、雑穀、漁具、家畜の骨などが出土し、住民たちがさまざまな生業に従事していたことがわかる。また、農具や車軸金具の出土を見るとウシ・ウマなどの家畜の飼養場所や畑地が近接して存在し、貨幣や磁器などの搬入品の存在からは、市も近隣にあったと考えられる。城郭は軍事施設や居館としての性格が強調されることが多いが、シャイガ城址の場合には、住民全てが軍人であるとは考えにくい。平地城の場合には、街割などの存在から、中国の城郭都と同様に市街地を内部に取り込んでいたと考えられるが、より軍事色が強そうな山城においても同様であったことがシャイガ城址の内容から推測できる。

そして城址の規模から見て、この城郭が金・東夏代における当該地域の行政・経済の中心地であったと推定できる。この点を裏付けするのが、以下の出土遺物である。まず、一五五号住居址では銀牌《ぎんぱい》が出土している。銀牌とは使節や官人の職務遂行・軍務遂行・軍功に対して下賜されるもので、駅伝利用・地方統治のための身分証の役割を持つ。その年代は金代末頃と推定されている。『金史』巻五十八百官志の符制の条には、「銀牌は猛安に授く」とあり、シャイガ城址が猛安クラスの治所であることが分かる。さらに、内郭内の一七四号住居址では「治中之印」と記された銅印が出土した。治中とは、金末において府の副長官をさしており、その官職を持つ人物が城内に居住していたものと思われる。

アナニエフカ城址（北緯四三度二四分五三秒、東経一三一度四一分二四秒）

スイフン川の支流、アナニエフカ川に接する丘陵に立地する。城址の東端で、南北がアナニエフカ川とその支流に挟まれており、北東側以外は急峻な崖となる。城壁の周長は約一〇〇六メートルであり、小型の城郭である。北側に川縁につながる深い谷が入り込む包《ほう》谷《こく》式の山城である。谷には小河川が流れている。谷に沿うように両側に城壁を川縁まで延ばし、やや他に入った部分に東西から城壁を延ばし門を形成する。ここが水門としても機能したと思われる。城門は他に東側と西側で確認できる。いずれも平入りである。南北側は段丘縁に低い土塁をめぐらしている。西側、東側の城壁は周辺と高低差を付け、西側門

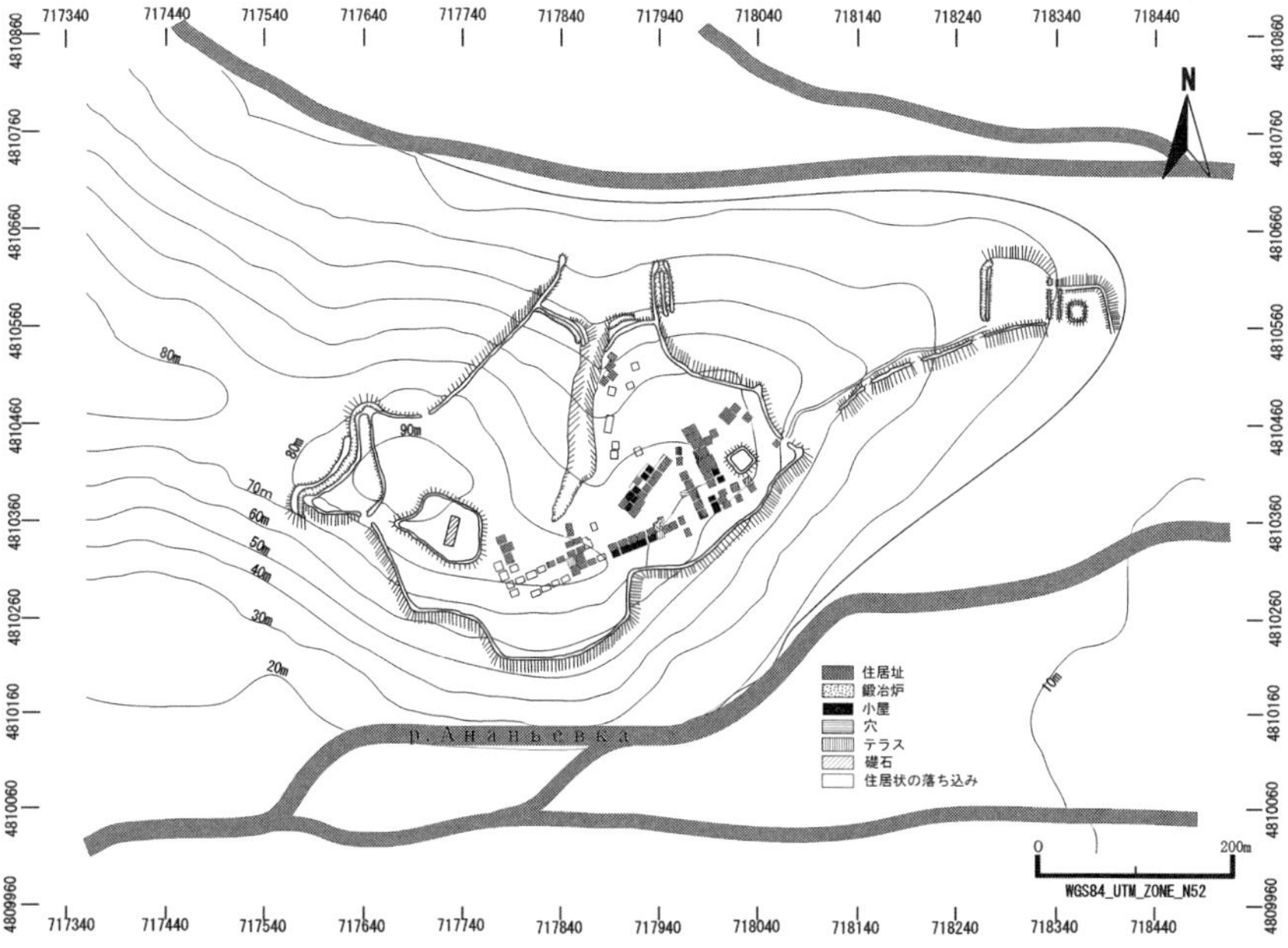

図3－25

図3－25　アナニエフカ城址（『北東アジア中世城郭集成』Ⅰより）

周辺で現高四～五メートル、東側門周辺で現高三～五メートルを測る。また西側にはさらに外郭を設け、その先端に馬面を置き、その基部には段丘面を横断する堀切《ほりきり》状の溝が作られている。これらにより、段丘側への防御性を強化していると見られる。東側城門の両側には馬面が付されている。また城門の外側は、北側の斜面が緩やかとなるため、川に向けて丘陵端部を横断するように三列の城壁を延ばし、郭《くるわ》状の空間を作り出し、外枡形に近い機能を持たせている。丘陵先端部にも小郭が形成され、ここから、段丘両袖を流れるアナニエフカ川流域とスイフン川流域の低地まで眺望できる。出丸《でまる》的な役割をしていたと考えられる。

城内には北側の谷を取り巻くように平坦面が広がり、ここに建物が設けられる。東側城門付近に一辺約一九メートルの方形区画がある。住居の配列には一定の規則性がある。方形区画背後の住居群は、ほとんどが門側に入り口を持つ住居列を形成し、中央谷側の住居群は、谷側に入り口と小型の倉庫が付属し、列を成す。中央南城壁寄りの住居群では、段丘側に入り口を向け、前に倉庫を持つ住居が列を成している。なお、この住居群の中には鍛冶工房もある。住居内には炕が付き、コ字形とL字形の両方がみられるが、前者のタイプの住居が多い。城内は西側に行くにつれ徐々に高くなり、ここに不整楕円形に土塁をめぐらした内郭を置いている。この内部では礎石建物跡が検出されている。

北側の谷周辺は、急勾配の斜面であるが、谷を取り囲むように所々に細い階段状の平坦面が造られ、そこに住居址の落ち込みが並んでいる。また門を形成する東西の土塁に並行して階段状の平坦面が続き、ここにも住居が列を成している。

調査された住居址と住居址と考えられる落ち込みの数から、一基あたり五～六人が居住し、城址には五〇〇人程が収容可能と考えられている。なお、城内では文化層が二枚確認されている。上記した住居のほとんどは上層に属する。下層の詳細は不明であるが、基本的にほぼ同一文化・時期とされる。下層では、L字形の炕を持つ住居が特徴とされる。

この城郭は謀克クラスの治所跡と考えられており、出土品の特徴がクラスノヤロフスコエ城址と共通しており、そこに属する行政区分の一つであったと考えられている。

ノヴォネジンスコエ城址（北緯四三度一二分三八秒、東経一三二度三四分〇二秒）

スホドル川左岸の丘陵部先端に位置する。中央部に谷を内包する包谷式で、北西部と東南部の丘の稜線が城址の境となる。平面形は不整形で、周長三二〇〇メートル、北西側の城壁は高一～二メートルと低く、南東から南側の城壁は保存良好な部分で六～八メートルとなる。土塁による城壁だが、東側では一部で石積みも利用している。

東側から南側では一一基の馬面が付設される。城壁は自然地形を利用しており、馬面は地形の変換点に設けられているが、南側では比較的均等に配されている。さらにこの部分には城壁前面に壕とその外側に低い土塁が認められる。

城門は谷の両側に認められる。北東側は谷を利用した平入りの門だが、前面に補助的に土塁を設け、防御性を高めている。この土塁は直接本城壁につながれていないが、西側端部を城壁下の崖面につなげて、枡形状に空間を作りだし、東側に狭い開口部を設ける。甕城に近い機能を持たせている。南西側では、丘陵の稜線から平野部まで城壁を延ばし、さ

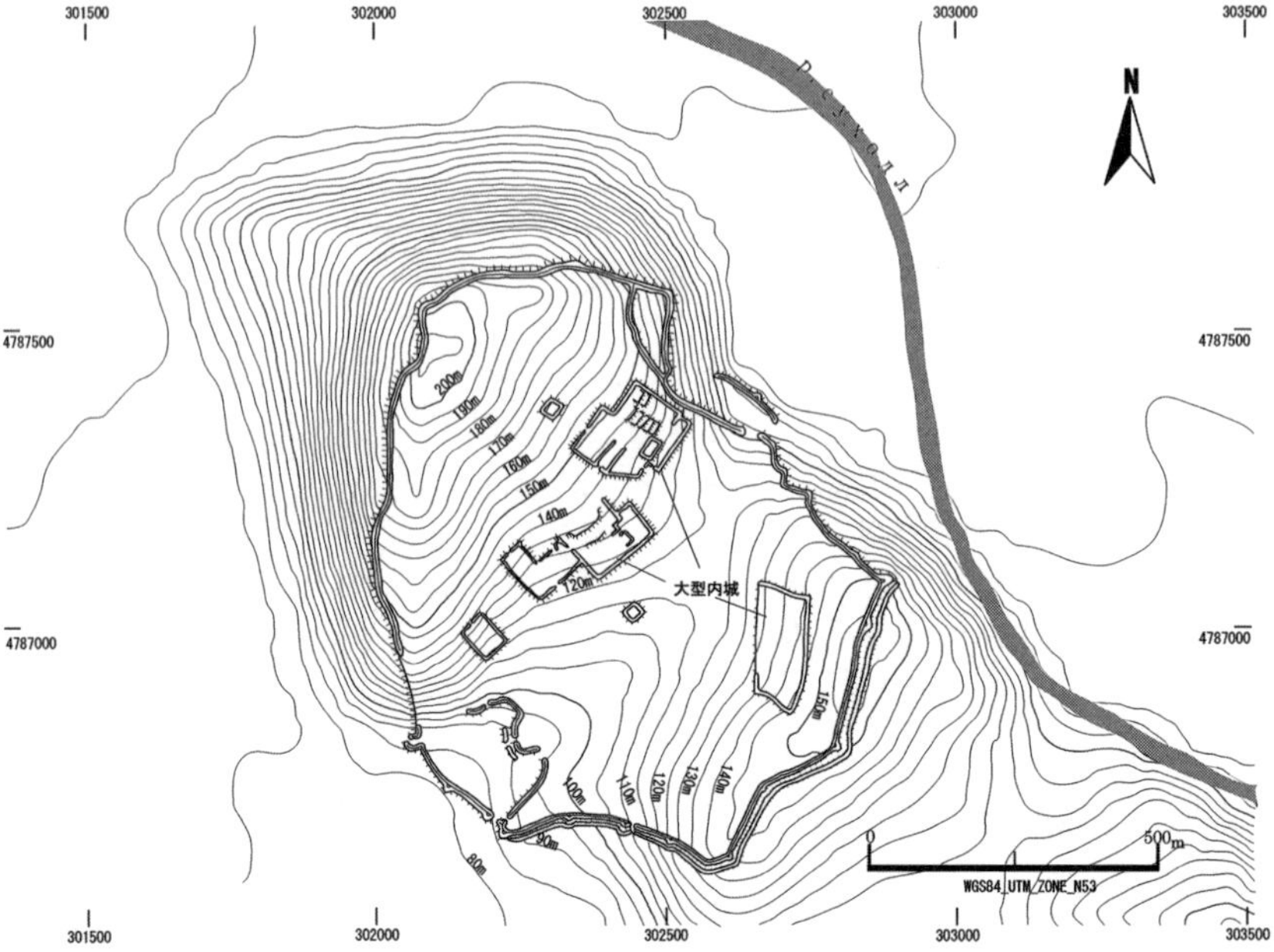

図3－26

図3－26　ノヴォネジンスコエ城址（『北東アジア中世城郭集成』Ⅰより）

らにその内側にも、谷の傾斜線に沿うように凹状に屈曲する城壁を設けて、大きな囲郭空間を形成している。外側の城壁には、狭い平入りの門が東側に、西側に甕城門が設けられており、壁高は五～六メートルである。内側にも幅約五メートルの平入りの門が三ヵ所ある。中央の門には外側両袖に低い土手が認められる。ここから甕城につながる幅二～三メートルの道路が観察され、ここが主要な門と考えられる。南側の門は谷の最深部に当たる。道は表土からは観察できないが、位置的には外側土塁の門と対となる。

城内には、低い土塁をめぐらした二〇×二〇メートル程度の小型囲郭（堡塁）が二基、大型囲郭（内城）が三基、中型内城が一基認められる。中央堡塁以外は、城内でも高位で傾斜がやや強い部分に位置する。北西側の二基の内城内は階段状の平坦面が並び、内部が複雑に区画されている部分がある。この平坦面には礎石建物跡も認められる。その他の内城は土塁で囲郭したテラス状の区画である。城内には、谷の両側に比較的緩やかな緩斜面が広がり、見通しが良い。特に南西側は広い平坦面が形成されている。本格的な発掘調査はこれまで行われてこなかった。二〇〇七年には南西門の内側で発掘調査が行われ、炕付きの平地式住居が検出されている。また中央の区画から北西に数十メートルの地点で、「貞祐二年六月　礼部造」「同知鎮安軍節度使事印」銘を持つ官印が出土している。この年号は金末の宣宗期の年号であり、モンゴル軍の二回目の侵攻が行われた一二一四年にあたる。この城郭の年代も金末～東夏期と考えられる。

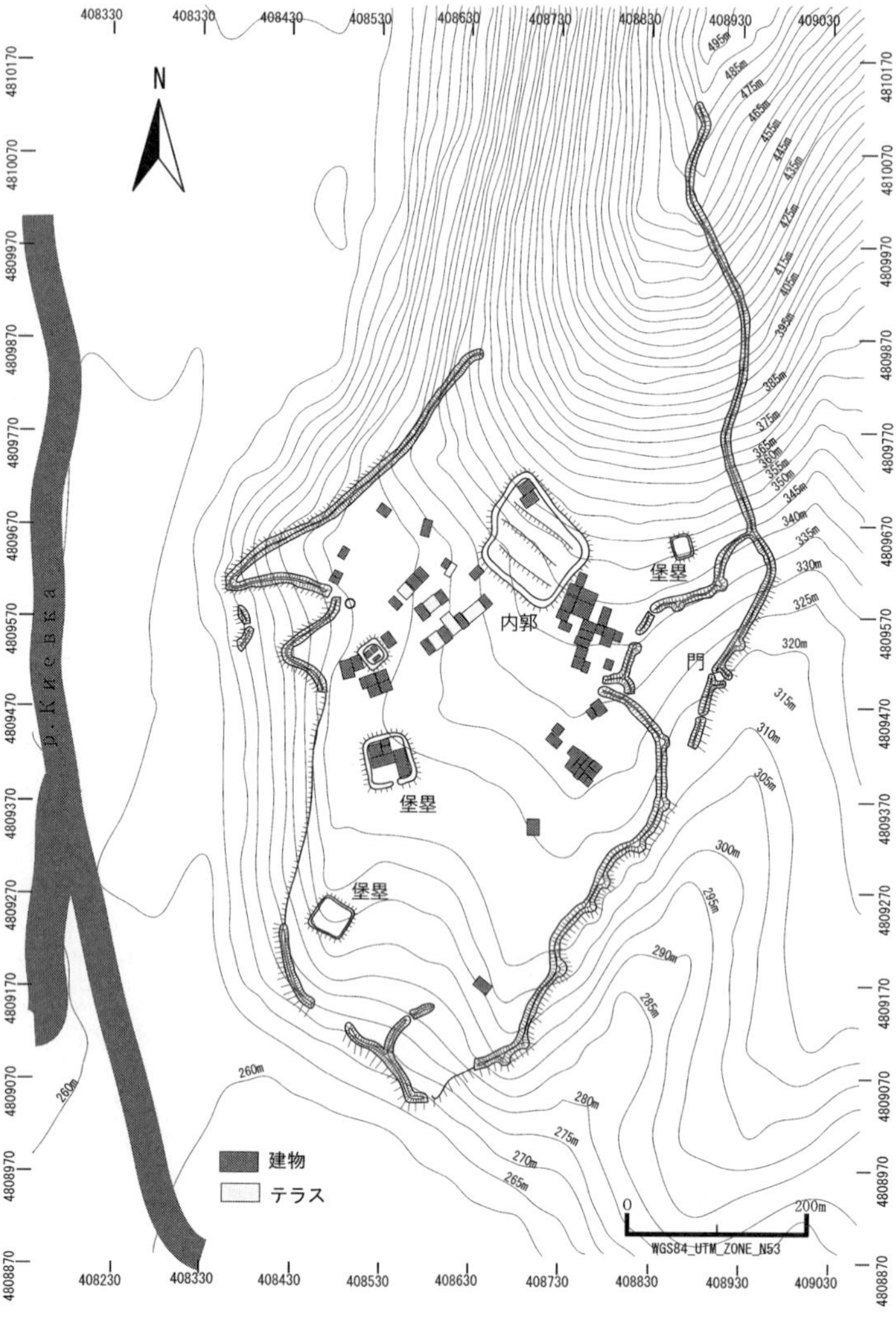

図3－27　ラゾ城址（『北東アジア中世城郭集成』Ⅰより）

図3－27

ラゾ城址（北緯四三度二五分五六・九秒、東経一三三度五二分一八・四秒）

キエフカ川上流の右岸の平野部に突出する丘陵上に立地する。丘陵の地形を利用した不整形な形状をとる。周長二八五〇メートル。ただし、急斜面の部分には城壁は、めぐらし

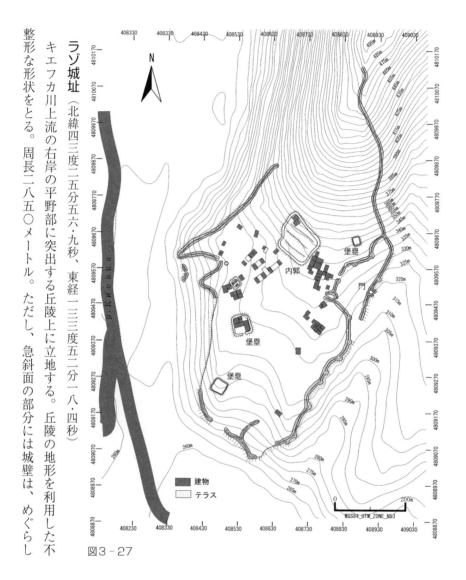

ていない。また、東側の谷を望む部分は防御性を高めるため、城壁をもっとも高く三〜五メートルに積み上げ、一二基の馬面を付設している。さらに、谷の奥側に、内側に城壁を曲げ、そこを取り囲むように外側にも土塁をめぐらすことにより、大型の囲郭空間を形成している。枡形に近い機能を持たせている。外側の城壁には甕城状の門が設けられている。城内には緩斜面が広がり、ほとんどの建物がここに築造されている。東側城壁の内側に沿って、幅三〜五メートルの削平された道路状遺構があり、その内側に平坦面が作られている。門から約五〇メートルのところにおよそ一〇〇メートル四方の方形の内郭がある。囲郭の高さは約六〇〜八〇センチ。方形の小型区画は三ヵ所にある。二基は二五×二五メートル程の堡塁《ほうるい》で、一基は五〇×四〇メートルとやや大型である。大型区画内部には、土器窯や製鉄炉が発見され、工房址であることが判明した。

ここでは数次に亙る発掘調査が行われており、住居址六八基と柱穴群が検出されている。大型のいずれもコの字形の炕が付設する住居で、鉄鍋《てつなべ》、車輨、斧《おの》、鉄鏃《てつぞく》、鉾《ほこ》、甲札、坩堝《るつぼ》、金梃《かなてこ》等の各種鉄製品、陶質土器が出土している。開元通宝《かいげんつうほう》（六二一年初鋳）、各種北宋銭、大定《たいてい》通宝（一一六一年初鋳）が出土し、金〜東夏代の築城・利用と推定されている。ラゾ城址周辺のあるキエフカ川上流は、隣接する西のスウチャン川、東のチョルナヤ川の上流域に接続することから、峠越えの街道を管理する役割を果たしていたと考えられている。

ノヴォパクロフカ2城址（北緯四六度〇〇分一九秒、東経一三四度〇四分五八秒）

沿海地方北部を流れるウスリー川支流のイマン川南岸の段丘上に位置する山城である。

北面と東面はイマン川に接する断崖に面し、わずかな高まりのある低い土塁が設けられているが、土塁が確認できない部分もある。南面と西面にはL字状に約九八〇メートルの城壁が設けられている。城址の周長は二〇〇六メートル。南面と西面の城壁は版築により、

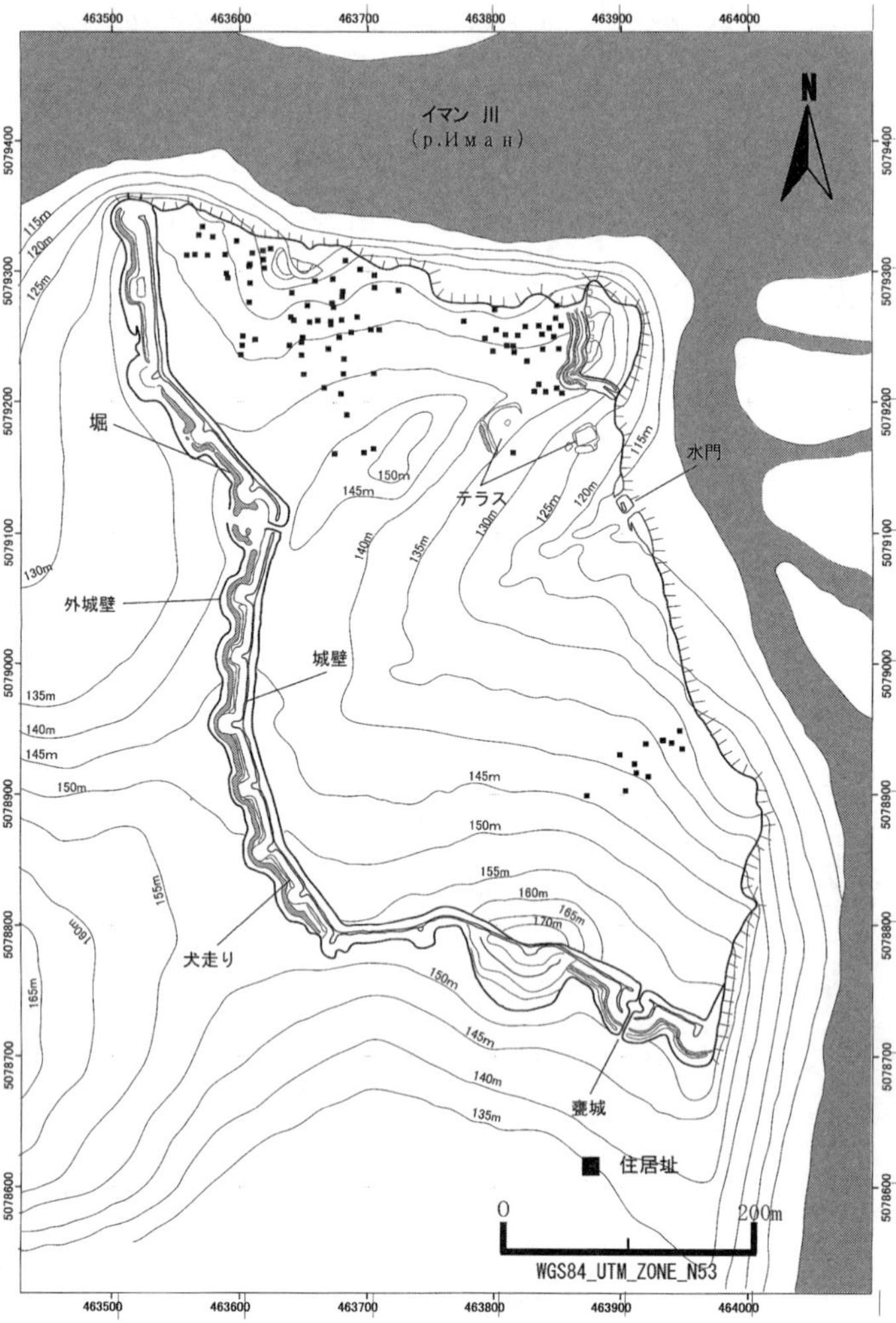

図3－28

図３－28　ノヴォパクロフカ２城址
（『北東アジア中世遺跡の考古学的研究　平成19年度文部科学省科学研究費補助金（特別研究促進費）研究成果報告書』より）

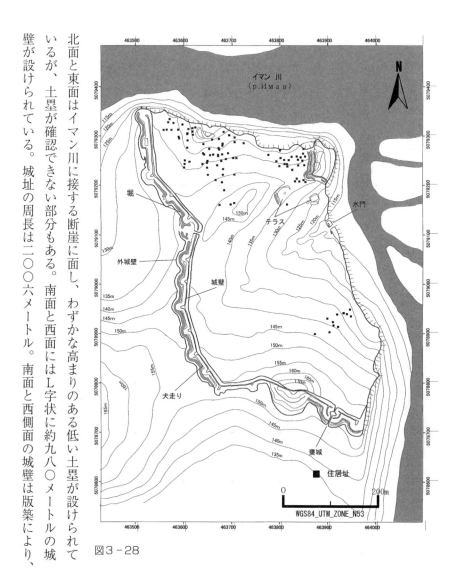

五〜八メートルの高さで築かれている。城壁の上面幅一・五メートル、下面幅一〇〜一二メートルである。城壁には計一五基の馬面が四〇〜五五メートル間隔で付設されている。馬面の上面は平坦な台形状を呈している。城内の中央には小丘陵が東西に走り、全体を南北に二分している。南面・西面城壁の前面には堀がめぐる。断面は逆台形の箱堀である。堀の外側には幅三〜四メートル、高さ〇・五〜〇・七メートルの土塁が築かれている。また城壁と堀の間には狭い犬走り状の平坦面が築かれている。城門は二ヵ所あり、南側の門址は、両方の城壁から鉤手状の土塁が伸び、虎口を包む甕城となる。城内の東側の中央部にはイマン川に流れ込む小川の谷が入り込んでいる。この小川の出口には平入りの門を持つ土塁が築かれ、水門の機能を持つ城門として機能したと推定される。またこの谷の上がり口には平場が形成されている。城内北側にも枯れ沢の谷があり、やはり谷の上がり口に平場が作られている。北東端には小高い丘があり、「L」字状に堀と土塁が三重にめぐっている。土塁はいずれも低いものであるが、重ねて作られているため、防御性は高められている。内部には平坦面が階段状に作出されている。この頂部に立てば、イマン川の流れや周辺を一望することができる。谷と平場は水運を利用した物資搬入口や管理施設であり、北東の丘は河川交通の見張りを行う場所であったと推定される。

城内は、丘や谷に向かう緩やかな傾斜があるものの、比較的平坦である。上記の施設以外では、径約五メートルの長方形の浅い落ち込みが多数認められる。このうちの一基が発掘調査され、炕付きの住居址が検出された。その結果、住居址は地表面で落ち込みとして観察できるが、竪穴式ではなく平地式住居の壁材が崩れ周辺に堆積して形成されたものであることが判明した。北側と西側にこのような住居の集中が見られる。しかし、現在城内の大部分は畑地として利用されており、遺物の散布が広く認められるため、本来は城内全域に住居や建物が分布していたと推定できる。ただし、南門周辺では、他の城址で認められるような小型の方形囲郭等の施設が存在した可能性もある。

城内では、陶質土器片、北宋銭（太平通宝《たいへいつうほう》、祥符元宝《しょうふげんぽう》等）、鉄鏃、三足羽釜《さんそくはがま》、鉾《ほこ》、犂《すき》といった鉄製品が採集されている。先の住居址からも同様な陶質土器が出土している。この陶質土器には型押文《かたおしもん》が施されており、アムール流域のパクロフカ文化の土器に類似している。パクロフカ文化の土器と三足羽釜の共存は、アムール川と松花江の合流点に近い中国黒龍江省の中興墓地でも確認されている。同遺跡では金の貨幣である大定通宝（初鋳一一六一年）も出土し、金代の遺跡であることは確実である。本城址も、形状などから見て一二世紀後半以降に利用されたと考えられる。

本城址の性格を考えるうえで、その位置と規模の検討が重要である。まず規模については、沿海地方北部で最大の山城であることが注目される。イマン川流域以北にもビキン川やホル川流域に同時期の城址があるが、同規模のものはなく、数も減少する。特にビキン川を越え現在のハバロフスク州に入ると、山地から三江平原に入るため、山城が姿を消す。胡里改路の中心地域である牡丹江流域や松花江流域は平城が中心となる地域である。沿海地方南部を中心とする恤品路とアムール川流域を含む胡里改路との厳密な境界は不明であるが、地形や城郭の形態からビキン川周辺がその候補と考えられよう。そして、ノヴォパクロフカ2城址は恤品路の北限近くの中心的な城郭と考えられる。ノヴォパクロフカ市街には現在は壊滅しているノヴォパクロフカ1城址（平城）が存在し、同時期に利用されていたと推定されている。さらにノヴォパクロフカ2城址周辺には、ゴゴレフカ城址などの中小規模の山城址が分布する。以上の点から見て、本城址が恤品路の北辺統治における中心地であった可能性が高い。

そして、この城址からパクロフカ文化類似土器が出土していることは興味深い。アムール川流域と沿海地方南部は、渤海国建国後に物質文化の差が顕著になり、前者ではパクロフカ文化が存在した。イマン川流域などの沿海地方北部には渤海期にもパクロフカ文化が分布し、渤海国と一線を画す北部靺鞨集団が居住していたと考えられるが、その後裔が金代まで定着していたことを示しており、金の統治がこのような在地集団を取りこみながら行われていたことを示している。

コラム3　女真城郭の見学

本書を読んで女真の城郭に興味を覚え、実際に現地を訪れてみたいと考えてもらえれば、喜ばしいかぎりである。現在のロシア極東では、ロシアと日本を含めた諸外国との共同調査がさかんに行われているが、金代の遺跡を対象としたものはほとんどない。一方で、ロシア沿海地方の考古学においては、遺跡の内容の豊富さから、女真城郭の研究が研究全体に占める割合は非常に高く、研究の本流といっても良いくらいである。沿海地方の考古学の主導者の一人であったE・シャフクゥノフ博士の主要な研究テーマであったことも影響しているのかもしれない。その豊富な内容が、近隣の諸国にさえあまり知られていないことは大変残念なことである。

私が最初に女真城郭を訪問した際、大型かつ多数の女真城郭のデータを集め整理するために、日本の中世城郭研究の研究法、特に縄張り図の作製が有効なのではという印象を受けた。そこで、この数年ほど、日本の中世考古学研究者の何人かに女真城郭に同行して遺跡を見ていただき、さまざまな助言を受けることができた。日本の研究者がすぐに現地調査に参加するというのはそう簡単ではないが、多くの方々に遺跡を見ていただくことにより、新たな視点から調査研究法や分析法を検討できることは間違いない。

しかし、ロシアにせよ中国にせよ、現状では誰でも自由に城郭を見学できるわけではなく、それなりの準備が必要となる。まず、その場所にどのように到達するかであるが、必ず現地へ赴くための手続きをしなくてはならない。ロシアでは、この地域は国境線が近いこともあり、外国人が現地へ赴く場合は、ビザの取得や現地での外国人登録の手続きが必要になる。また、交通機関がそれほど整備されていないので、自動車をチャーターする必要がある。旅行社にこのような手配をまかせることもできるが、実際に城郭の位置がはっきりしないと、現地まで到達することができない。近くまで行くことができても、山城の場合などは原生林の中をあてもなくさまようことになりかねない。もっとも、ウスリースク市に近いクラスノヤロフスコエ城址やナホトカ市に近いシャイガ城址など少数の城郭は、著名な遺跡で場所もわかりやすく、ウラジオストック市から日帰りの見学も可能である。中国でも、上京会寧府や延吉市に近い城子山山城など、著名な遺跡には観光地化しているところもある。このような城郭は、旅行社に手配を頼めば特別な許可がなくても見学ができるだろう。

しかし、一般には知られていない城郭を踏査するというようなことになると、現地の研究者を頼らざるをえないのが現状である。ロシアでは、日本人が自由に地方を旅行できる状況になってはいない。通常の旅行者がツーリストビザで滞在できる観光地以外の場所では、現地機関の招待ビザが必須である。沿海地方では、ウラジオストックにあるロシア科学アカデミー極東支部極東諸民族歴史考古民族研究所の研究者たちに協力を仰ぐのが最適である。沿海地方で中世期の考古学に本格的に取り組んでいるのはここのみといってもよい。春から秋であれば、調査中の城郭を見学することも可能である。ただし、沿海地方も広いので、見学したい地域の城郭を指定する必要がある。それが決まってはじめて、入国ビザ・地方の滞在登録の手配、参加人数に応じた車両の手配、現地の案内と解説などを引き受けてくれる。ただし、このような協力を仰ぐためには、研究所と日本側の研究者・機関が協定を結んでいる必要がある。個人で協定を結ぶことが難しければ、協定を結んでいる日本の研究グループの研究者名簿に名前を追加してもらうことを依頼すればよい。以上の条件が整えば、先方と調整しつつ目的地や日程の計画をたて、実行ということになる。必要経費は、航空運賃、車のチャーター料（運転手・ガソリン代込み）、宿泊費、同行者の日当（一日五〇ドル程度）、食費などである。

一人で負担するとかなりの額になるが、三～四名であればそう大きくはなく、一週間程度であれば一人二〇～三〇万円程度で済むと思う。あるいは機会があえば、日ロの共同調査に参加させてもらうという方法もある。ただし、いつでも城郭調査が行われているわけではないので、計画について問い合わせておく必要がある。

一方、中国では、日本人の旅行はロシアより融通がきくので、城郭の場所さえ確かなら旅行社に手配を頼むことが可能である。上京会寧府や城子山山城のように、観光地化している城郭もある。また、ヌルハチ関連の城郭もヘトアラ城のように復元整備されているものがあり、訪問しやすい。その際も、可能であれば地元の文物管理局などの担当者に同行してもらうのが望ましい。もっとも、直接コンタクトをとるのは難しいので、大学や研究所などの研究者の協力を得て、地元と連絡・調整してもらうのが容易な方法である。中国社会科学院考古研究所、吉林大学辺疆考古中心、中国人民大学北方民族考古研究所などに、日本語が話せる研究者がいるので、彼らに協力をあおぐことができる。中国語ができれば、吉林省文物考古研究所、黒龍江省文物考古研究所などの研究者に協力を依頼することもできる。日本人の考古学者から知己の中国側の研究者を紹介してもらうのがよいだろう。

城郭を見学する季節は、春先と秋がよい。特に沿海地方の山城は原生林の中に存在するため、夏に現地に行くと植物の繁殖のためほとんど何も見えず、さらに大量の蚊やアブなどに苦しめられることとなる。測量作業などはほとんど不可能な状態である。一方、冬季には寒さと雪に苦しめられるので、当然向いていない。植物の繁殖前で、雪がなく、寒さ・暑さも激しくなく、虫も不活発な時期がいい。そこで、四月末から五月、あるいは九月後半から十月初めというあたりが最適な時期となる。この時期にはすでに下草や葉が少ないので、見通しもそれなりによく、城壁、堀、建物跡などの遺構もよく観察できる。森林中でもGPSによる位置計測はほとんど問題がない。それなりに寒いので、ある程度の防寒対策は必要であるが、防虫対策は特に必要ない。きわめて快適に調査や踏査を行うことができる。ただし、年によっては早めに寒波が訪れ積雪があったり、逆に十月まで温暖で下草が残り虫も多かったりする場合もある。それでも七・八月と比べればだいぶましである。なお、トラ・イノシシ・クマなどの危険な動物もいるので注意は必要であるが、私自身は幸いなことに接近遭遇したことはない。

城郭ファンであれば、現地で縄張り図のような城郭の記録を作成したいと思われる方は多いと思う。調査や踏査には、日本のような小縮尺の地形図は利用できないが、二〇万分の一程度の地形も描かれた道路図が市販されており、大まかな地形や位置は把握できる。しかし、地形図を用いて縄張り図を作成することはこれでは難しい。測量する時間的余裕がない場合に、重宝するのは小型のGPS受信機である。沿海地方では日本の静止衛星の補正情報を受信することができるので、GPS受信機単独の精度も比較的高い。そのため、大体の形状はGPSで測ることができる。このデータを、公開されている全世界の高度情報と重ね合わせると、かなり大まかではあるが、地形図上に城郭の形状を置くことができる。受信状況がよければ、高度も比較的ぶれがなく、ある程度正確に計測できる。受信状況に注意しながら、特徴的な地点のポイントを数分間連続計測し、それらの地点をラインでつないでいき形状を記録するのがもっとも正確な方法である。このデータをすでに公開されている城郭の図面と組み合わせ、さらに遺構等の観察記録を加えて、個々の城郭のデータ化を詳しく行うことができる。ただし、この方法はロシア国内のみで可能である。中国では外国人のGPS持ち込み・使用が禁止されているので使用できない。どうしても位置データが必要であれば、現地の研究者に計測を依頼し、そのデータをもらうよりほかない。そのため、中国では写真と簡易的な計測図やメモを中心に記録することになる。

いずれにしても、残念ながら日本のように気軽に城郭めぐりをするというわけにはいかず、経費もそれなりにかかってしまう。しかし、そのような障害をものともせず、ぜひチャレンジしていただきたい。

Ⅳ　女真城郭と周辺地域の城郭

第二章と第三章で、女真城郭の特徴を述べてきた。もっとも印象的なのは、山城が多数築城され、重要な役割を果たしていることである。特に、山地の広がる恤品《そっぴん》路と曷懶《かつらん》路にあたるロシア極東と中国吉林省東南部に集中している。もっとも、日本や朝鮮半島の城郭に親しんでいる方ならば、山城が多い点に特に違和感を持たれることはないだろう。しかし、東アジアを広く見まわしてみると、山城に重きを置く地域はさほど多くはない。中国本土では、山城にこもる例は実は稀で、例えば漢の高祖劉邦が圧倒的に強力な項羽に対抗して広武山に立てこもったのは非常手段としてであり、むしろ珍しいことであった。草原地帯でも、山城はきわめて珍しい。一〇世紀に勃興した遊牧国家である契丹国は、中国の影響を受け城郭都市の建設を活発に行い、さらにモンゴル高原北部にも領土の拡張を図り、拠点となる城郭の建設を進めたが、それらのほとんどが平城であった。山中には、烽火台《ほうかだい》のような小規模な砦が築かれることはあったが、山城は極めて少ない。その希少な例であるモンゴル国ウグルクチン城は、谷を利用して、石積みの城壁をめぐらしている。しかし、城の正面には一直線に城壁を設置しており、方形の平地城の正面と変わりない。この点では、女真城郭と比較して、山地を防御に活かすという発想がやや不足しているように思える。モンゴル帝国期には、山上や谷奥に離宮を置くという例も見られるが、本格的な城郭は見られない。

つまり、山地に軍事的な拠点としての城郭を構えるのは、ロシア極東、朝鮮半島、日本列島という環日本海地域に共通する特徴であり、中国の城郭都市とは別に発生し発展したものらしい。日本列島では、中世城郭以外に、北海道のチャシなどもこの範疇に含めることができそうである。これはもちろん、山地が多いというこの地域の地形条件に由来するのであろうが、わざわざ山中に拠点を置くという発想が共通して芽生えたことには注目したい。しかも、それらが多数集中して築造されたという点でも共通性がある。しかし、山城の形態や構造、設計思想はそれぞれの地域の社会状況に応じて、一様ではなかった。次に、各地の中世城郭の発生・変遷・特徴などを概観し、その後で、日本海対岸地域との比較を行なってみたい。

1　周辺地域の城郭

朝鮮半島の城郭

朝鮮半島においても防御性の強い環濠集落は青銅器時代から出現した。しかし、本格的な城郭が出現するのは、前漢《ぜんかん》の武帝《ぶてい》による楽浪《らくろう》他四郡の設置とともに郡治が築かれてからである。関連施設と考えられる平壌《へいじょう》市の楽浪土城は、地形に合わせ不整形ではあるが、方形に近い平城が築かれている。このような平城の建設を、後に高句麗《こうくり》や百済《くだら》が採用し、朝鮮半島独自の城郭建設が開始された。ここでは、内容がよく知られている三国時代、特に高句麗の城郭を中心に述べていく。

高句麗建国の地は卒本《そつほん》であり、現在の遼寧省《りょうねい》桓仁《かんじん》県と考えられている。五女山城《ごじょさんじょう》は、

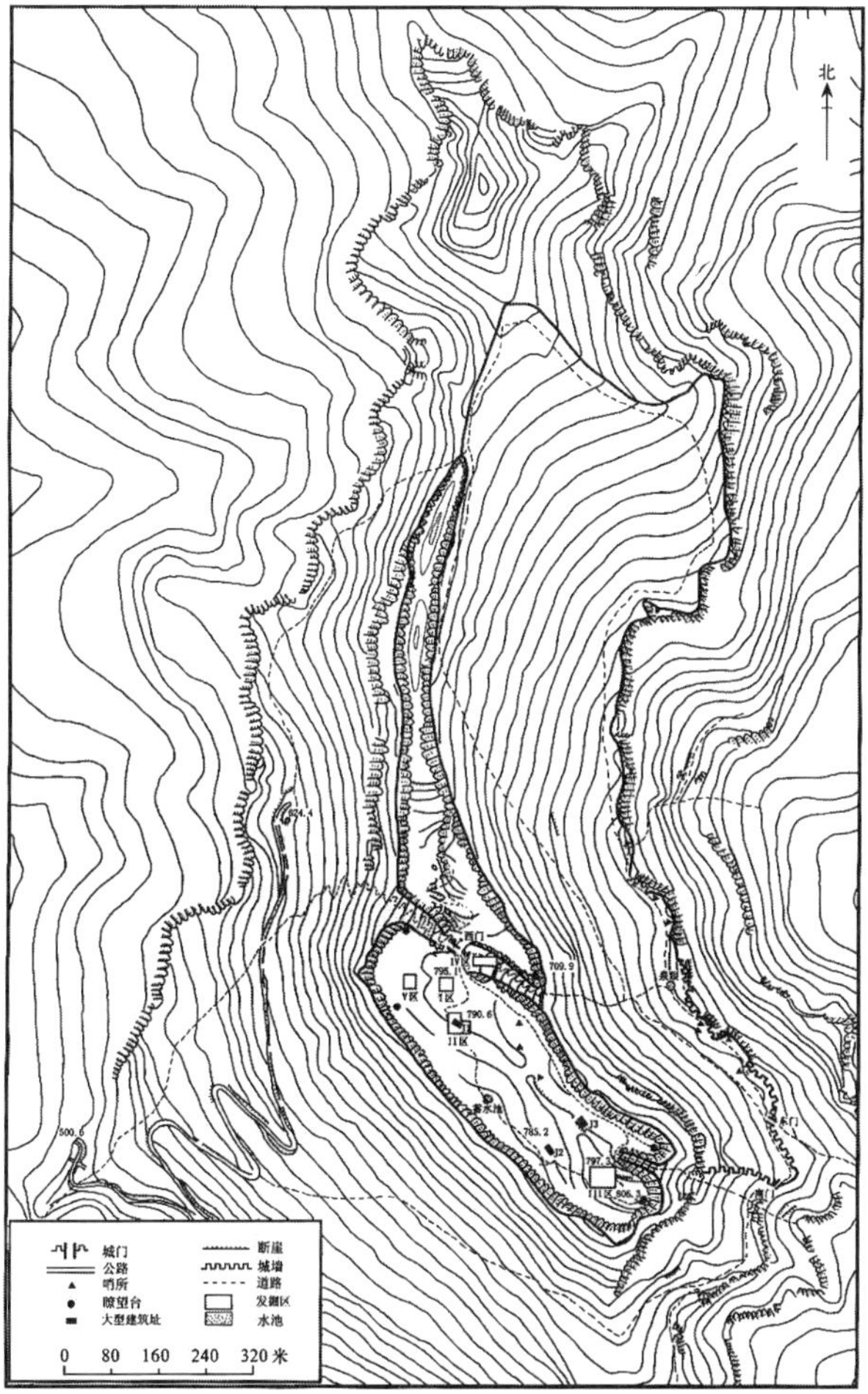

図4－1

図4－1　五女山城址（遼寧省文物考古研究所『五女山城　1996~1999、2003 年桓仁県五女山城調査発掘報告』文物出版社、2004 年より）

桓仁に存在する代表的な高句麗城郭である。玄武岩《げんぶがん》の急峻な丘陵上頂部に石積みの城壁をめぐらせ、頂上平坦部に建物・池を設置している。この城郭は、高句麗〜金代まで使用されたが、築造時期については不明確であった。しかし、近年の発掘で頂上部に、紀元前後までさかのぼる建物遺構と遺物が発見され、年代が高句麗初期にさかのぼる可能性が高くなった。周辺には、ほぼ同時期の一辺二〇〇メートル前後となる方形平城の下古城子城址が存在し、平城・山城がともに高句麗初期か存在した可能性が高くなった。下古城子城址は、本来漢の玄菟《げんと》郡下の県城で、それを高句麗が再利用した可能性も指摘されている。高句麗は、三世紀初めに現在の集安《しゅうあん》に都を遷し、国内城を建設した。国内城の城壁の下部に先行城壁の存在が確認されており、ここでは漢の高句麗県城を利用して建設が行われたと見られている。百済は、前一世紀に建国し、現在のソウル周辺に慰礼城《いれいじょう》を築いたとされているが、その候補地が風納土城である。いずれも、方形に近い形で城壁をめぐらす平城である。山城の築造も三〜四世紀頃には開始されたらしく、高句麗では国内城の近辺に丸都山城《がんとさんじょう》が築かれた。百済は四世紀に漢城を都としたが、その候補とされているのが独立丘陵に築いた夢村土城である。四七五年に高句麗の侵攻を受け、都を熊津《ゆうしん》に遷すまでこの地が都とされた。新羅の地域にもこの頃山城が築かれはじめ、大邱《たいきゅう》市達城や、王宮の置かれた慶州市月城《げつじょう》・明活山城《めいかつさんじょう》などをあげることができる。

政治・生産・流通の拠点としての城郭都市である平城（邑城《ゆうじょう》）と軍事施設としての山城のセットは、三国時代には朝鮮半島全域に広く普及し、都城はもちろん、県城などの地方拠点にも設置された。例えば百済の最後の都城である泗沘《しひ》城の周囲には、首都防衛のために扶蘇山城をはじめとする複数の山城が築造された。この傾向は、その後、それぞれの比重に変化はあるが統一新羅、高麗、朝鮮王朝まで継承されていく。また、軍事防御施設として、山城が多数配置され、防御線を形成しているのも、特徴の一つである。特に、前・後燕《えん》や隋《ずい》・唐《とう》との戦争を行なった高句麗、契丹《きったん》・女真《じょしん》・モンゴルの侵攻を受けた高麗では、境界となる北方に多数の山城を築造した。山城については軍事的な機能が重視されているということは間違いない。特に高麗は、半島を横切る長城を建設したほど、防衛は切実な問題であった。

城郭のもっとも顕著な特徴は、石積みの城壁である。城壁の外面に切石《きりいし》を煉瓦状に積み重ねているもので、内部は、土の版築《はんちく》や礫石《れきせき》の充塡で積み上げている。また、城壁の上面には低い防御壁（女墻《じょしょう》）を作り出すものがある。さらに城壁の外側に突出する馬面が取り付くものや、隅楼《すみろう》が設置されるものがある。この馬面は、国内城のように防御力の向上のため門の両側に付設される場合がある。甕城《おうじょう》に近い形であるが、女真城郭に見られるような門の外側にさらに城壁を重ねる典型的な甕城は、三国時代よりも下るであろう。また、城壁を少しずらして設置する食い違い虎口状の門も存在する。高句麗の丸都山城では、城壁を内側にへこませた内桝形《うちますがた》に近い門が設置されている。

山城は、通常河川の傍らの丘陵に築城される。河川が堀の役割を果たす場合もある。朝鮮半島の山城の形態は、籠城して長期間たてこもることを前提に水場の確保が重視されるため、小河川・谷を内部に取り込む包谷式《ほうこく》が多数を占めている。高句麗の五女山城のように山頂に城壁をめぐらすタイプでも、内部には湧水が存在する。また、水流を出すために城壁に水門施設を作り付けることが特色である。

城郭内には、軍事施設として軍倉《ぐんそう》・烽火台・指揮所である将台・兵営などが置かれた。特に、丸都山城などの大型山城では、内部に階段状整地を行い礎石建《そせきだ》ち瓦葺《かわらぶ》きの大型建築群を配していた。宮殿・官衙等の施設が置かれ、行政的機能も有していたことがわかる。ただし、これが戦時のための施設か、日常的に機能していたかの判断は、内部の詳しい状況から検討していく必要があろう。

日本の中世城郭

日本の中世においても、鎌倉時代〜戦国時代における政治・社会の変化に対応して、さまざまな城館が築かれた。日本の中世城郭にくわしい方々には言わずもがなの常識であろうが、一応比較のために大まかにまとめてみよう。中世の城郭には以下のような変遷があるとされる。まず、荘園公領《しょうえんこうりょう》制の段階で、武士化した在地領主は平地に居館《きょかん》をかまえるようになる。南北朝期には、戦乱に対応して居館も堀・土塁などの防御施設が強化され、さらに臨時的な要害としての山城が出現する。そして、室町時代の守護領国制の段階で、在地の国人《こくじん》領主らは居館と山城をセットとして構えるようになる。戦国期には、大名を含む有力領主たちは、山城へと居住地を移動させていった。有力領主の周りには家臣団が形成され城下に集住し、職人・商人たちの居住する城下町も形成された。この中で、居城である山城は、領主への結集を示すような求心的構造をとるようになる。さらに、城下も堀・土塁等で囲み防御する、惣構《そうがま》えも形成されるようになった。家臣となった中小の領主たちは本領に城を持ち続けた。さらに大名は有力拠点に支城を築き有力家臣を配置し、在地の中小領主たちを指揮下に入れ、各城郭を街道・宿駅等により結びつけ、領内に拡がる城郭ネットワークを形成した。支城には軍事以外の統治機能も付与されていき、本支城システムが形成された。また、城郭間の連絡を主な役割とする「繋ぎの城」も存在した。特に、境界地域には山城が集中的に築造され、「境目の城」として防衛線を築いた。一方、荘園体制が崩れるなかで、惣村《そうそん》と呼ばれる自立的な村落が発生し、村が年貢等の貢納物の徴収を請け負う地下請《じげうけ》が一般化した。これにより、領主と村落の間に一種の契約関係が結ばれることとなった。また、村落は近隣の村落との間に、土地・水などの争いや一揆などの連帯をくり返していた。村が、防衛のために周囲に土塁をめぐらす惣構えが現れる。さらに村の独自の要害として「村の城」が構えられた場合もあった。このようにして、戦国期には全国に多数の城郭が築造されたのである。しかし、やがて織豊時代を迎え、要害となる山城から、低丘陵に立地する平山城や平城へと中心が移り、石垣《いしがき》や天守《てんしゅ》を持つ求心的で象徴性の強い構造、城下町の発達という、近世城郭・城下町へと変化していったのである。

日本の戦国期の山城の特徴は、複郭構造であろう。内部に平坦地である郭《くるわ》（曲輪）を複数作り出し、そこに防御施設として城壁・堀・切岸《きりぎし》・堀切《ほりきり》などを配置し、防御力を高めていく。また、各曲輪は独立しているのではなく、防御においては連携して行動が可能なように配置される。さらに曲輪の出入りにも防御性の高い虎口《こぐち》が設置される。全体としては、複雑で防御性の高い構造（縄張《なわば》り）を持つ山城が形成される。また、領主・家臣団の居住空間が山城に移っていく中で、領主を中心とする求心性の高い縄張りが発達する。領主や有力家臣の屋敷は、高所に位置する主郭やその周辺に置かれた。そのため、日本の山城は山頂や稜線上に立地し、そこに作り出した曲輪に施設を置くのが普通である。

2　女真城郭の性格

城郭建設の社会的背景

女真《じょしん》の居住域の一部においては、渤海《ぼっかい》国時代に行政の中心地としての城郭の築造が行われていた。しかし、契丹《きったん》の侵攻以後は金《きん》が建国されるまで、城郭の築造はごく少数に限られていた。渤海の統治下に置かれていた靺鞨《まっかつ》集団が、その後どのように女真集団へ変化したのかは、詳細が史料にほとんど記されていないため不明である。しかし、渤海滅亡後の混乱の中で地域集団の構成にも大きな変動がおきた可能性が高い。例えば、遼陽《りょうよう》周辺の女真は、契丹により移住させられたとの記録があり、居住地からの移動を余儀なくされた集団もいた。考古資料で見ると、渤海滅亡後の沿海地方には、アムール川方面からの集団の南下や、独自の土器群を持つ新たな集団の編成が行われたと判断できる。渤海国時代の地域集団は編成や居住地にも大きな変動が生じたものと思われる。その後、金建国直前には、部と呼ばれる血縁に基づく地域集団が成立していた。部はさらに族長の下に組織された小規模な氏族集団に分かれ、それぞれは水系ごとに居住が行われていた。それぞれ水系の中心となる拠点集落には有力氏族が居住し、部全体を統括していたのであろう。金代女真には九九姓が存在したというが、個々の集落はそのような氏族の成員により構成され、孛菫《ボギン》と呼ばれた族長層が各氏族を統括していた。そして、有力氏族の族長が、複数の氏族をまとめ、水系ごとに部を構成した。しかし、複数の水系をたばねるような広域を統括する体制は成立せず、個々の部は独立的であり、金国成立前は、部・氏族間が抗争する状態にあった。このような中では、渤海時代のように複数の水系を内部に含むより広い領域の統治機関としての城郭の築造は活発に行われることはなかった。

金代以前の地域集団の拠点集落にどのような施設が築造されたのかは、文献資料の描写が簡潔なため明らかではないが、遺跡として残っていないものがほとんどであるので、多くは大規模な城壁や堀をもつ大がかりなものではなく、簡単な柵をめぐらした程度のものではないかと思われる。契丹と戦争状態に入る直前でも、女真の軍勢はようやく一〇〇〇名に達している程度であり、そのような施設で十分であったのだろう。

ただし、Ⅱ章で見たように金代以前と考えられる城郭が少数ながら存在する。特にその一つであるコクシャロフカ1城址は、市街地を内部に持つ城郭都市と考えられるが、特別に設置された内郭中に並列する大型建物群を配置するなど、すでに政治センターとしての機能が想定できる施設を有している。一部の地域集団においては、そのような施設を必要とする政治的統合がかなり進んでいた可能性が高い。この周辺には、女真の大型山城であるコクシャロフカ5城址が存在しており、金・東夏代にも引き続き拠点的地域であったことがわかる。

　また、城郭が現在確認できない地域においても、同様な状況をうかがわせる資料がある。日本海に面したナホトカ近くに河口があるスウチャン川流域は、平城のニコラエフカ城址、山城のシャイガ城址など女真城郭が集中する地域である。このニコラエフカ城址の下層には、金代以前の文化であるニコラエフカ文化の土器群が出土し、金代以前から地域集団の居住が行われたことが確認されている。同様な現象は、マリャノフカ城址などいくつかの他地域の平城でも確認されており、金代以前からの集落の地に築城していることが明らかにされている。おそらく、これらの築城地点は従来の拠点集落の地であり、地域の族長層が居住し人口も集中していた可能性が高い。そして族長層による地方統治を基にした社会体制が、対契丹戦争における女真軍団の動員を可能にし、金建国後には直ちに地域の中心となる平城の築造を可能にしたのであろう。新たな地方統治制度である猛安謀克制度の施行も、そのような社会体制を背景にしていた。

城郭の機能

　金代女真の城郭建設は、平城から開始された。すでに述べたように文献資料で確認できる最初の城郭は上京会寧府址であった。上京路内に置かれた他の平城も、それとほどなくして建設が始まったらしい。これは、地域行政の要として、下級路や猛安などの治所として設置されたと考えられる。女真の地域集団は、水系によるまとまりをもっていたが、大型の平城は、主要水系に一ヵ所程度が配置されていた。すでに述べたように、そこは従来の拠点集落の場所と思われる。そして平城は、中国の設計思想を導入し、多数の住民の居住区をその中に含む城郭都市として設置された。もちろん、行政組織としての官衙《かんが》も内部に設置されたに違いない。ノヴォペトロフカ城址やニコラエフカ城址に見られるような内郭とその中の基壇礎石建物群がその具体的な施設であろう。建物は飾り瓦が葺かれ、規模も通常の住居建築を凌駕するものであった。ここには、金国の集権的性格を示し、皇帝による統治を視覚的に示す意志が見てとれる。残念ながら多くの平城が、耕作や後世の建築による破壊をこうむっているため、内部の構造や建物の実態が不明であり、断片的な遺構や出土品から判断するほかないが、その他にも宗教センターとしての寺院や、窯器・金属・繊維製品の各種の生産施設、商業施設も存在したに違いない。これらを兼ね備える中心都市を各地に設置することにより、金国の地方統治の装置として機能させたのであろう。

一方、山城は、より軍事的な意味合いが強いと考えられている。多くの山城の発掘において、文化層の未発達や、遺構の重なりが少ないことが指摘されている。このことは、個々の山城の使用期間が短いことを意味しており、築城後比較的短期間で廃絶したものと思われる。出土した官印や銅鏡に記された年号からは、金末・東夏期に築城された山城が多いと判断できる。そして東夏の中心地となった恤品路・曷懶路では、山城の数が平城のそれを大きく凌駕している。これは、モンゴルとの間の軍事的緊張の高まりがもたらしたことに間違いないだろう。なお、女真の山城に高句麗等の朝鮮半島の三国時代山城や渤海の山城からの系譜を想定する考え方もあるが、出現時期に間隔があり、特徴も異なるので直接的な影響は考えにくい。ただし、遼東地区ではいくつかの山城で高句麗山城を再利用しており、アイデアを得るきっかけとはなったかもしれない。また、実際に接触のあった高麗からの影響も考慮すべきであろう。

すでに述べたように平城に行政的機能が存在したことは、内郭・大型建物群等の存在から明らかであるが、山城についても大型城郭では、内郭や大型の瓦噴礎石建物群の存在が確認されている。城子山山城、クラスノヤロフスコエ城址はその代表である。いずれも東夏の京城址と推定されており、大型建物群や、官印・分銅などの出土は、内部に統治機構が存在し、行政事務や物品管理が内部で行われていたことを示している。しかし、これらより下のレベル・規模の城址でも、行政的な機能は持たれていた。シャイガ城址は上の二城には及ばないものの比較的大型の城址であり、内部に確かに内郭様の区画や礎石建物は存在する。しかし、礎石建物の規模や数、区画内の住居などを見ても、区画外と隔絶するような差異はない。また、官衙となるような建物配置も見られず、わずかに平地住居をコの字形に三棟配置した一辺約二五メートル程度の方形区画が存在する程度である。内郭の区画内でもっとも多く存在するのは二〇〜五〇平方メートル程度の平地住居であり、小型の倉庫が付属する場合が多い。内郭の内外を問わず、城内にほぼ同規模の家屋がヒナ段状に並ぶ様子は、同規格の建物が多数並ぶ等質的な分譲住宅を思い出させる。また、この建設がきわめて計画的に行われたことを示している。

城主の居住施設の可能性のあるやや大型の建物も存在するが、飾り瓦も用いられず特に荘厳な建物ではない。しかし、城内では職名を記した官印（治中＝州の副長官）や、銀牌《ぎんぱい》（猛安以上に授けられると規定される、軍等の通行証）、分銅《ふんどう》、銀錠《ぎんじょう》（秤量《ひょうりょう》貨幣《かへい》）の鋳型などが出土しており、行政的な活動が行われていたことは間違いない。当然、地位・官職に応じた階層差も存在したはずである。女真族の故地である上京路は、猛安謀克による地方統治が行われていた。東夏も、基本的には金の統治機構をそのまま受け継いだと考えられるので、地方の中小規模の山城が猛安謀克に対応する行政機能を有していたと考えるのは自然である。そして、官印や銀牌の存在は、シャイガ城址が猛安以上のクラスの治所であることを示している。しかし、大型山城や平城に見られるような、視覚的に為政者の権威を誇示し、社会の階層性の高さを具体的に示す施設は少ないのである。例えば、弥生時代の吉野ヶ里遺跡の環濠《かんごう》集落と比較しても、内部区画に楼状建物を持つ吉野ヶ里遺跡の方が、より階層差が大きく感じられてしまう。

小型住居が密集する内部の様子からは、中小の山城の築城と利用を行なったのは各地の猛安謀克の住民であり、村落をそのまま城内に取り込む形で行われことが考えられる。シャイガ城址の存在するスウチャン川流域では、川沿いに小規模な集落が点在していたと考えられ、猛安謀克を組織する周辺の複数の集落が、城内に組み込まれたものと思われる。これは、猛安謀克が軍事動員組織であることから見ても自然なことである。そして、この村落内では、女真族本来の部族社会の雰囲気がまだ保持されていたのであろう。王朝国家である金の集権的・階層的性格とともに、比較的等質な女真族の社会が併存していたことになる。金の建国後も二代太宗の頃までは、皇帝がヒナ鳥を料理した臣下の家に招かれるなど、上下の隔たりの少ない従来の雰囲気がまだ残っていたようである。その後、第三代熙宗《きそう》、第四代海陵《かいりょう》王《おう》の頃に精力的に制度改革がすすめられ、宗室を中心とする集権的制度が整えられていったのであるが、故地に残された女真村落には従来の社会制度の名残が払拭されなかったらしい。一謀克は、数十戸からなる大家族・親族により構成されていたと考えられており、内部は血縁的原理でまとめられていた。そのため、階層差が強く表れる施設は稀少で、比較的等質的な内容を保っていたのであろう。猛安も、下部の謀克により構成される部族社会が本来の形であり、その形態が強く残る上京路、特に下級路内では、都城・路治などを別にすれば、中国的な統治原理は貫徹していなかったのかもしれない。

なお、シャイガ城址内では、各種の生産活動も行われていた。特に製鉄が内部で行われていたのは重要である。農具や武器の原料となる鉄の生産は、経済・軍事を支える柱の一つである。それが地方の城郭内で行われ、そこからそれぞれの地域に分配・供給されていたと考えられる。そのため、城郭内の倉庫には製品が保管されていた。多くの小規模城郭においても、鉄器の生産・修理を行う区画された鍛冶工房が確認されており、鉄素材・製品の生産・流通が城郭を介して行われたことを示している。シャイガ城址は、その地方拠点の一つであったのだろう。この他に、城内で使用された瓦・土器の生産も周辺で行われていた可能性がある。また、住居地区では青銅製品やガラスの工房も発見されており、家内工業もおこなわれていた。また、猛安謀克内では、農業生産も重要な職務であり、成員たちには農業活動が奨励されていた。シャイガ城址においても、農具や栽培植物・畜獣骨の出土から、農業が活発に営まれていたことがわかる。

また、陶磁器など他地域の産品も普及しており、それらの広域流通網の中に地方の城郭も組み込まれていた。流通の活発化は、貨幣の利用も促進させた。シャイガ城址では通常の住居址から銅銭が出土しており、貨幣が日常的に使用されていたことを示している。

シャイガ城址の様相を参考にすると、おそらく金代には各水系に拠点となる平城が築かれ、水系に分散していた猛安謀克内の村落を統括していたのであろう。そして、金末から東夏代にかけて、女真の故地ではモンゴル軍の侵攻に備えた山城が、軍事動員組織である猛安謀克を単位として多数築造された。築城を行なったのは、猛安謀克に属した住民自体であり、かれらは築城後そのまま城内で生活した。そのため、生活を支える各種の生産が、城内外で活発に行われた。個々の城郭には、村落がそのまま取り込まれ、小規模な城郭でも数ヵ所の村落が配置されたであろう。そのため、当然、山城内部には地域を統括する行政機能もそのまま取り込むことが必要であった。しかし、小規模城郭の場合は大規模な政庁や居館などが存在しておらず、猛安謀克クラスの内部は、強い階層性の見られない緩やかな組織であったと思われる。

3 女真城郭と東アジアの城郭

城郭にみる社会構造の差

女真城郭を、朝鮮半島・日本列島の城郭と比較すると、いくつかの共通点と相違点を見いだすことができる。女真城郭の平城についてみると、軍事とともに、統治・流通の拠点としての性格が強く、内部に政治・宗教・流通のセンター、さらに市民の居住区を含む、城郭都市として機能しているのが特徴である。政治センターとなる政庁には大型建物が配置され、皇帝の権威を地方にまで視覚的に示す役割も担っていた。ただし、このような特徴は、中国の伝統的なスタイルを踏襲したもので、女真族が渤海・契丹・北宋などから継承した形態である。そして平城は金の建国から滅亡期まで、その機能を変えることなく継続して使用された。朝鮮半島においても、中国の直接的影響からこの形態が取り入れられ、三国時代には定着している。しかし、日本では、城下の都市部を城郭内に取り込むことは、惣構えが出現した戦国期までは一般化しなかったし、惣構え自体も必ずしも都市全体を含むものではなかった。

一方、山城は朝鮮半島では軍事的要素が強い施設であった。都城や地方拠点においては原則的に平城と対になり、非常時にたてこもり敵の攻撃をしのぐことが目的とされた。日本の中世城郭でいうところの根小屋式に近い。もちろん、籠城時にも政治的機能を維持するために、内部に行政関連施設も設けられた。また、他国との境界では山城による強力な防衛線を形成した。

日本でも、山城は軍事的要素が強く、「境目の城」として境界に山城群が築かれた点は朝鮮半島と共通している。しかし、日本では軍事的機能に、政治・経済などの機能も統合されるようになり、戦国時代には山城が恒常的な領主や家臣団の居住空間としても用いられるように変化する。そのため、平地との比高差があまりない丘陵が選地されるようになり、織豊時代には、高石垣や天守などの使用、曲輪の序列化、城下の一体化を進めることで、階層構造を具体的に示す存在ともなった。

一方、女真の多くの山城は、モンゴルとの戦争状態に対応して築城された点で、戦乱と関係性が強い日本の中世山城と共通している。しかし、その機能は大きく異なっている。もっとも顕著なのは、連郭構造や、それらを用いた複雑な防衛線が見られない点である。これは、城郭の防衛機能の目的が、小村落の集合体としての地域社会全体を防御するためと考えられ、そのためにすべてを等しく囲む単純な構造をとっている。甕城・馬面などを用いた門や城壁の防御力の強化を図っているが、ひとたびそれらが破られれば、たちまち落城の憂き目をみることになったであろう。もちろん、城主を特別に守る意識はないに等しい。小規模城郭の場合は、建物の配置や規模などもきわめて等質的で階層性が希薄であり、地方官でもあった城主の権力基盤はさほど強力なものではなかったことがうかがえる。防衛線が単純な点は、都市全体を囲む平城とも共通した特徴であるともいえる。ただし、平城や一部の大型山城については、路・府クラスの治所として大規模な内城や政庁が存在し、それらが一般の居住区より上位に置かれ、防衛線も二段構えになっている。地方長官である城主を中心に貴族・官僚などからなる統治者層が存在し、階層的・中央集権的な体制が一応とられていたと考えられる。しかし、それを支える基盤である猛安・謀克においては、そのような体制が不徹底であったのである。

集権化・求心化の未熟

日本では織田信長が軍事・経済力を背景に、大名を頂点とする家臣の階層的編成、官僚制的政治機構により、全国統一を目論み、豊臣秀吉・徳川家康によりそれが達成された。求心性を高めた織豊系城郭が、それを視覚的に天下に示すうえで重要な役割を果たすこととなったのである。

一方、朝鮮半島では、統一新羅以降は、変動はあれど王を中心とする集権国家の中で城郭が機能し、外敵の侵攻時や、王朝交代の内戦期には軍事上の拠点として活用された。女真の城郭はどうであったであろうか。女真の居住地であった上京路・東京路内における平城の設置は、中国的な王朝国家の建設を具体的に示すものであり、城壁や大型建物の存在は女真人たちにも、強烈な印象を与えたことは間違いないであろう。この点では、織豊系城郭と同様な効果がもたらされたと思われる。しかし、山城においては軍事的目的で築城が活発になったにも関わらず、結局モンゴル軍に対して十分に効果は得られず、日本列島におけるような求心性・階層性・集権制の発達も生じなかった。これは、猛安謀克から成る女真社会の等質的性格によるものである。言い換えれば、地方の支配者層間にも階層的関係がなく横並びの関係にあったと考えられる。そのため、地方の勢力は独立性が強く全体としての強いまとまりを持つことができなかったのであろう。

モンゴル軍との戦いにおいて、女真軍が建国当時の強力さを発揮することができなかったのは、経済的困窮などの状況下での弱体化に加え、この結束力の弱さが原因となっていたかもしれない。また、個々に独立した部族社会の要素が強く残る環境もそのことを助長していた。建国以来、何度か進められた政治改革や集権化の試みも、それを完全に払拭することはなかった。東夏とモンゴルの戦いにおいても、南京で蒲鮮万奴《ほせんまんど》がとらえられて以降は、東夏に組織的な抵抗ができなかったことも、そのことを示している。そして、金・東夏滅亡後の女真族は、元の統治に組み込まれ、ふたたび分裂状態へと戻ったのである。この分裂状態の中で、統治・軍事の拠点としての城郭はほとんど姿を消したのである。

エピローグ

その後の女真城郭と日本列島

金・東夏が滅亡した後、女真族の故地では、城郭が廃絶され埋もれていった。ロシア沿海地方に存在する城郭の多くは、金・東夏代の単独遺跡であり、後世の再利用は行われていない。その後、女真族が活発に築城活動を始めるのは、明代になってからである。元代以降は女真は女直《じょちょく》と記されることが普通になる。そして、明代には、建州《けんしゅう》女直（マンジュ五部）、海西《かいせい》女直、野人《やじん》女直の三群に区分され、それぞれが複数の部族から構成されていた。明は、東北辺に衛所と呼ばれた行政組織を置き、部族の有力者を官職に任命する間接支配を行なった。一方、女直たちは明との交易により、潤沢な利益を得ていた。そして、一六世紀になると、建州女直は五部、海西女直は四部、野人女直は四部の独立した有力部族に分かれ、勢力を争うようになった。この時期に、それぞれの部の拠点としての城郭建設がさかんになる。その中には、金代女真以来の伝統である山城も含まれていた。現在でも、女直の有力部族がかまえた城郭が各地に残されている。

そして、一六世紀末に建州女直を統一しマンジュ国を建てたスクスフ部のヌルハチは、一五八七年にまず根拠地としてフェアラ城を建設した。フェアラ城も山城であるが、設計思想は金・東夏の山城と大きく異なっている。外城壁は丘陵を囲むように平地部分にまで

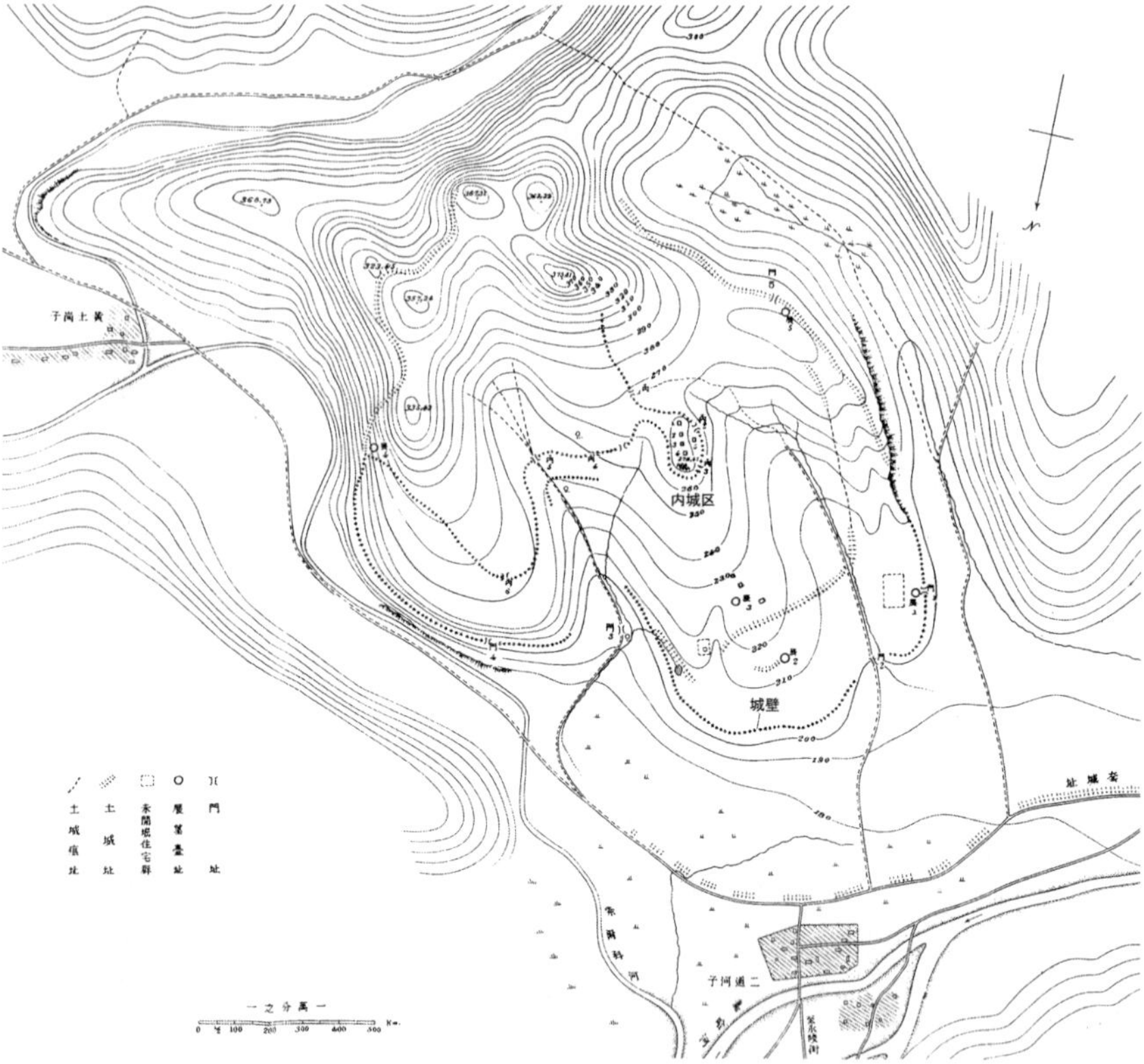

フェアラ城址

フェアラ城址（稲葉岩吉『興京二道河子旧老城』
建国大学、1939 年より）

めぐる。丘陵頂上部に、ヌルハチの居館が置かれた内城がある。内城には、ヌルハチの居宅以外に、客庁、鼓楼、楼閣などの公的性格を持つ建物が高い基壇上に建てられていた。つまり、領主の居館と政務空間が、最高所に置かれ、家臣や住民たちを見下ろす構造になっている。金・東夏の山城には見られない求心性が強化されているのである。この傾向は、続くヘトアラ城では、さらに大型化する。中央に丘陵部を配しそこに城壁をめぐらせた内城を設け、その内部に宮殿や政務機関を造営した。同時に行政・軍事組織としての八旗を編成し、統治制度の整備も進めた。支配者層である愛親覚羅《あいしんかくら》一族を中心とした支配者層は内城に居住した。外城は内城を囲むように城壁を平野部にめぐらせており、ここが都市部であり、家臣や市民が居住したのであろう。住民たちは支配者たちが暮らす内城を下から眺めることになる。君主を頂点とする統治のあり方を強く示したのが、このヘトアラ城であろう。その構成は、天守を持つ城郭と周囲の城下町を囲う惣構えをほうふつとさせる。こうして一七世紀に、女真の山城は、それまでにない求心的構造をとることになったのである。その後、明との対立が激化する中で、対明戦争に突入し、さらに全女直を統一したヌルハチは対外的には金の後裔として後金と称するようになった。その過程で、拠点を西へと移動させ、さらに明の遼東地区の拠点であった遼陽・瀋陽を落とし、そこへの遷都を行い、続く清朝の基礎を築くのである。そして、ここにおいて中国的な城郭都市を採用していくことになり、女真山城はその役割を終えていくことになったのである。

ヌルハチが生きたのは、織田信長や豊臣秀吉らと同時代である。この時期に日本列島では、山城を発展させ織豊系城郭を生み出し、全国統一を果たしていった。一方、女真社会でも、形態は異なるものの山城に求心性を持たせ、それを統一の足掛かりとしていった。よく類似した現象が、日本海の両岸で行われていたのである。女真族のような北方集団が中国で王朝を建てた場合、比較的短期間で王朝が崩壊し、その後元の部族社会へ回帰していく印象を受ける場合が多い。しかし、マンジュ国を建てた女直は金代女真とは異なる城郭・都市を構築していった。このことは、女真社会自体にも金代以来の部族社会から脱皮していく変革があったことを示しているように思える。列島における中世から近世への変革と同様な現象としてこれから考えてみたい。

すでに述べたように環日本海地域は山城が発展した特異な地域といえる。しかし、その形態や発展過程は、朝鮮半島・日本・女真それぞれの地域においてさまざまであった。しかし、そこにある種の共通性も見出すことができた。私にとっても、女真の城郭を日本列島や朝鮮半島と比較しながら検討していくことにより、女真族の社会を考えるうえで、これまで多くの示唆を得ることができた。この「東アジア山城地帯」の中で、彼我の城郭を比較しながら見ていくことが、新たな城郭の魅力の発見につながらないだろうか。本書から、そのような視点を、読書の方に少しでも考えていただくことができたのなら幸いである。

あとがき

研究テーマというのは、個々の研究者が主体的に決めるというのが本来の形であろうが、思いがけずある分野に手をそめてしまう場合もある。私にとって、女真の考古学を自ら行うことになったのはきわめて意外なことであった。主に古墳時代を学んでいた学生時代、開店間もない八重洲ブックセンターで三上次男先生の大著『金史研究』三部冊を見かけたときに、大学者というのはこのような著作をものにされるのかと感銘を受けた。しかし、同時にどんな人がこれらの本を購入するのか不思議であった。まさか四半世紀後に自分がそうなるとは、思いもしなかったのである。

本文中にも述べたように、沿海地方を最初に訪れた際に、クラスノヤロフスコエ城址などの女真城郭をはじめて実見し、その内容とロシア側の調査研究成果の厚みを実感したが、同時に調査の精緻化と成果の公開を促進する必要性も感じた。沿海地方の考古学の中では調査規模、出土品の豊富さ、研究者数などを見ても考古学研究の主流であるのだが、一方、日本・韓国では成果はほとんど知られていないし、中国ですら東北地域以外では関心も薄い。さらに、多数の城郭を不十分な体制でどのように資料化していくかも課題と感じた。その際に、調査経験豊富な日本の中世城郭研究者の方々に協力していただくのが効果的だろうと考えていた。もっとも、私自身も主な関心は女真時代以前にあったので、自分でやろうなどとは考えていなかった。

その後、前川要さん、千田嘉博さんらが中心となった中世考古学のプロジェクトに、ロシア極東地域担当ということで参加することとなったのだが、やはり自分が主体となって調査を進めるという意識は薄かった。そもそも参加を呼びかけられたのも、渤海後の考古学についてある程度の知識があり、調査も行える人が他にいなかったにすぎない。日本ではロシア極東の考古学の専門家が極少であるのに加え、そのほとんどは旧石器・新石器時代か渤海時代の研究者である。私は恩師の加藤晋平先生に「日本ではシベリア・極東の研究者が少ないのだから、ある程度どの時代のことにも触れておくように」と指導されていたので、女真時代の文献にも多少は目を通していた。加藤先生は中・近世考古学にも関心が高い方なのでそのようにおっしゃったのだろうが、そういう研究者は稀である。そのため、ロシア極東の中世研究は、日本の考古学界においてはマイナーの三乗くらいの扱いをうける分野である。他に対応できそうな人がいなかったというのが実情であろう。というわけで、誰かの助っ人程度の気持ちでいたのが、結局、他に調査の主体となる城郭研究者もおらず、甘い予測はいずれ自分で実施しなくてはいけなくなった。

そこで、いろいろと助言を受け、さらに書籍等で学びつつ、城郭の調査法について試行錯誤をしながら調査に取り組むこととなった。予算的な制約もあるので、少人数で調査の精度・速度を最大限高めるために頭をしぼっていた。四〇を越してからの原生林歩きは体力的にきついが、人員が少ないので仕方のないところである。また、使える地図がほとんどないというのが、日本での城郭調査に比べ大問題であった。そのころから普及が加速していたGPS受信機やGISを活用することに思いあたったのだが、奈良国立文化財研究所（当時）在職中に、これらの利用について多少学んでいたのが幸運であった。また、大型遺跡の調査・記録についても平城宮跡での調査経験などが、思いがけず役立った。作成した城郭の図面を千田さんなどに見てもらい、使えるという言葉をいただいた時にはほっとしたというのが本音である。

北方考古学の研究を学ぶうえで、鳥居龍蔵・三上次男両先生の業績を避けて通ることはできない。院生時代に三上先生の『満鮮原始墳墓の研究』などの一連の著作は必須の書であった。また、縁あって東京大学総合資料館所蔵の鳥居龍蔵資料の整理をお手伝いし、『鳥居龍蔵全集』などで鳥居先生の著作にふれていたこともあり、調査を継続しながらあらためて両先生の金代史・考古学研究の成果にふれることができたのは大きな喜びであった。また、拙いながらもお二人の研究を継承する形で、女真遺跡の調査が行えたのは研究者として幸福なことであると思っている。

合計すると七〜八年ロシア沿海地方・中国東北部の各地を渡りあるき、城郭を見てまわったが、それなりに数を見ると、気づいたり考えたりする点がいくつか出てくる。まだ整理した形でそれらをまとめてはいないのだが、本書でそのアウトラインのようなものを提示できていればと願っている。どのようなきっかけで研究を始めたにしろ、継続していく中で、それが自分の研究の重要な一部を構成していく。振り返ってみれば、ロシアの調査の中でも学生・院生時代に千葉県各地や葛飾区などで参加した中世遺跡調査の知識・経験が生きていると感じた。縁ができた研究は、今後も大切に継続していきたい。

ほぼ無鉄砲に始めることとなった女真城郭の調査であるが、そこに導いてくださった前川さんと千田さんにまずお礼申し上げる。小畑弘己さん、木山克彦さん、布施和洋さん、笹田朋孝さん、中澤寛将さんらは、先の見えない調査に付き合い、苦労を共にしてくださった。以上の方々がなくては、調査は成り立たなかった。また、私は東洋史の専門家ではないが、この分野の研究に文献史の知識は不可欠である。そこで、高井康典行さん、武田和哉さんらが中心となった遼金西夏史研究会の皆様から多くのご教示・助言をいただいた。特に、井黒忍さんは城郭調査と並行して「金・東夏出土官印集成」という大きな仕事を完成させてくださった。この作業は女真史研究や女真城郭研究に貢献できたと考えている。以上の皆様方にも感謝を述べさせていただく。

そして、ロシアでの調査に参加・協力していただき、多くの情報を提供してくださったN・アルテミエヴァさん、Y・ニキーチンさん、N・クラージンさん、A・イヴィリェフさん、V・ホレフさん、E・ゲルマンさんらロシア科学アカデミー極東支部極東諸民族歴史考古民族研究所の皆様にあらためて深くお礼申し上げる。

本書の編集・刊行に、伊藤俊之さん、高尾すずこさんをはじめとする吉川弘文館の編集部の皆様にお世話をおかけしたことにも感謝を申し上げたい。

なお、本書の基となった研究については、ＭＥＸＴ科研費一五〇六八二一二、一九九〇〇一一五、ＪＳＰＳ科研費二一二四二〇二九の助成を受けたことを申しそえておく。

本書を通じて、多くの方々に女真の城郭遺跡やロシア極東考古学に関心を持っていただければ幸いである。

二〇一五年二月

臼杵　勲

参考文献

女真族の歴史に関するもの

池内　宏『満鮮史研究』中世一、岡書院、一九三三年
池内　宏『満鮮史研究』中世二、座右刊行会、一九三七年
杉山清彦『大清帝国の形成と八旗制』名古屋大学出版会、二〇一五年
高井康典行「一一世紀における女真の動向―東女真の入寇を中心として」『アジア遊学』七〇号、勉誠出版、二〇〇四年
田村實造『中国征服王朝の研究』中、東洋史研究会、一九七一年
外山軍治『金朝史研究』同朋舎、一九六四年
松浦　茂『清の太祖ヌルハチ』(『中国歴史人物選』一一)、白帝社、一九九五年
三上次男『金代女真社会の研究』(『金史研究』一)、中央公論美術出版、一九七二年
三上次男・神田信夫編『東北アジアの民族と歴史』(『民族の世界史』三)、山川出版社、一九八九年

女真族の考古学・城郭に関するもの

天野哲也他編『北方世界の交流と変容―中世の北東アジアと日本列島』山川出版社、二〇〇六年
臼杵　勲『鉄器時代の東北アジア』同成社、二〇〇四年
臼杵　勲「金上京路の北辺―アムール流域の女真城郭」『遼金西夏史の現在』二、東京外語大学アジア・アフリカ言語文化研究所、二〇〇九年
臼杵勲、N・アルテミエヴァ編『ロシア沿海地方』金・東夏代一(「北東アジア中世城郭集成」一)、札幌学院大学総合研究所、二〇一〇年

臼杵勲他『アジア遊学』一〇七号（特集　北東アジアの中世考古学）、勉誠出版、二〇〇八年
A・P・オクラドニコフ他『シベリア極東の考古学』二沿海州篇、河出書房新社、一九八二年
菊池俊彦編『北東アジアの歴史と文化』北海道大学出版会、二〇一〇年
高橋学而「ソ連領沿海州に於ける金代城郭についての若干の考察」『古文化談叢』一四、一九八六年
高橋学而「ロシア共和国沿海地方パルチザン区フロロフカ村シャイガ山城出土銀牌考」『古文化談叢』三〇下、一九九三年
中澤寛将『北東アジア中世考古学の研究』六一書房、二〇一二年
三宅利一『ヌルハチの都—満州遺産のなりたちと変遷』ランダムハウス講談社、二〇〇九年

朝鮮半島・渤海の城郭に関するもの

東潮・田中俊明編『高句麗の歴史と遺跡』中央公論社、一九九五年
韓国考古学会編『概説韓国考古学』同成社、二〇一三年
田村晃一『楽浪と高句麗の考古学』同成社、二〇〇一年
田村晃一『クラスキノ—ロシア・クラスキノ村における一古城跡の発掘調査』渤海文化研究所、二〇一一年
田村晃一編『東アジアの都城と渤海』東洋文庫、二〇〇五年
三上次男『高句麗と渤海』吉川弘文館、一九九〇年

日本の城郭に関するもの

齋藤慎一『中世武士の城』（『歴史文化ライブラリー』二一八）、吉川弘文館、二〇〇六年
千田嘉博『戦国の城を歩く』（『ちくまプリマーブックス』）、筑摩書房、二〇〇三年
千田嘉博・小島道裕編『天下統一と城』塙書房、二〇〇二年
千田嘉博・小島道裕・前川要『城館調査ハンドブック』新人物往来社、一九九三年
中井均他編『戦国の堅城—築城から読み解く戦略と戦術』学習研究社、二〇〇四年

著者紹介
一九五九年、札幌市に生まれる
一九九一年、筑波大学大学院博士課程歴史人類学研究科単位取得退学
現在、札幌学院大学人文学部教授

主要著書・論文
『鉄器時代の東北アジア』（同成社、二〇〇四年）
「北東アジアの中世　靺鞨・女真の考古学」『北方世界の交流と変容　中世の北東アジアと日本列島』（山川出版社、二〇〇六年）
「契丹・女真との交流」『日本の対外関係③　通交・通商圏の拡大』（吉川弘文館、二〇一〇年）

城を極める
東アジアの中世城郭
女真の山城と平城

二〇一五年（平成二十七）五月二十日　第一刷発行

著者　臼《うす》杵《き》　勲《いさお》
発行者　吉川道郎
発行所　株式会社　吉川弘文館
郵便番号一一三―〇〇三三
東京都文京区本郷七丁目二番八号
電話〇三―三八一三―九一五一〈代表〉
振替口座〇〇一〇〇―五―二四四
http://www.yoshikawa-k.co.jp/

印刷＝株式会社 ディグ
製本＝ナショナル製本協同組合
装幀＝清水良洋・渡邉雄哉

ISBN978-4-642-06483-5

刊行のことば

戦国時代は、新しい日本のかたちをつくろうと、人びとが活動した時代でした。そこでは制度ではなく、人びとが何をするかが厳しく問われたため、現代のわたしたちをもひきつける魅力的な武将が各地に現われた時代でもありました。この変革の時代は、従来、主に文字史料から研究されてきました。しかし、日本列島には至る所に中世から近世にかけての城跡があり、そうした城跡にたたずめば、深い堀や苔むした石垣が、武将の実像と変革の時代について語りかけてきます。

今、世代や性別に関わりなく城跡を歩く楽しみが広がっています。本シリーズは、数百年前と同じ坂を登り、いくえにもめぐらされた堀と城壁を越えて体感しながら考える歴史研究の方法によって、城が築かれた時代を明らかにしようと企画しました。全国に残る城跡を踏査し、綿密な観察とともに、さまざまな史・資料を駆使した新しい研究成果を示し、日本とアジアの視点から日本列島の城郭の特質を究明します。さらに、成果だけでなく、読者の皆さまの城歩きをいっそう深めるためのフィールドワークの実践方法についても、わかりやすく具体的に伝えることを目標にしています。

城跡は完全に埋まりきっていないものが多く、縄文時代や弥生時代の遺跡と異なり発掘調査をしなくても市民が実際に遺構に接して研究できる開かれた文化財です。本シリーズをもとに、城歩きの楽しさを実感していただき、地域に残された城跡の保護と活用が進むことを願っています。

二〇一五年一月

千田嘉博
吉川弘文館

城を極める

中世城郭の縄張と空間【土の城が語るもの】　松岡　進著　二二〇〇円

東アジアの中世城郭【女真の山城と平城】　臼杵　勲著　二二〇〇円

戦国大名の城下町【都市と城郭の空間構造】　山村亜希著　（続　刊）

城の時代【中世城館から天下人の城へ】　千田嘉博著　（続　刊）

近世城郭の成立【天下人の城郭革命】　宮武正登著　（続　刊）

吉川弘文館　（価格は税別）　※書名は、仮題のものもあります。